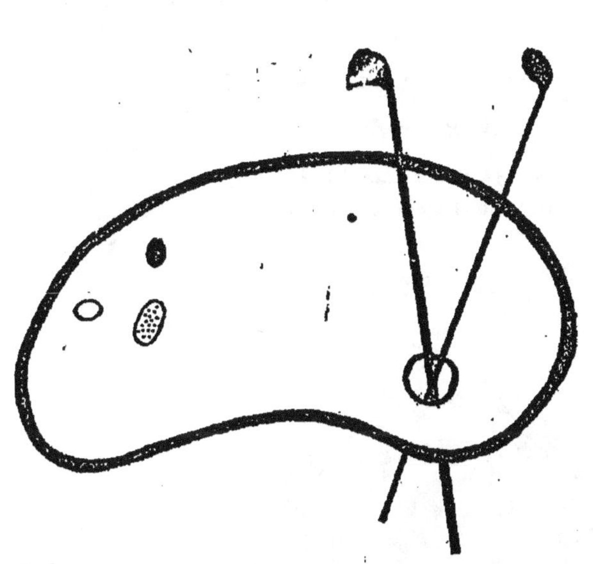

DEBUT D'UNE SERIE DE DOCUMENTS
EN COULEUR

SCIENCE ET RELIGION
Etudes pour le temps présent

MONOTHÉISME, HÉNOTHÉISME
POLYTHÉISME

Leçons faites à l'Institut catholique de Paris

PAR

M. l'Abbé de BROGLIE

Avec Preface

Par Augustin LARGENT

Chanoine honoraire de Paris

—

TOME SECOND

PARIS

LIBRAIRIE BLOUD & Cie

4, RUE MADAME ET RUE DE RENNES, 59

—

1905

SCIENCE ET RELIGION

Études pour le temps présent. — Prix 0 fr. 60 le vol.

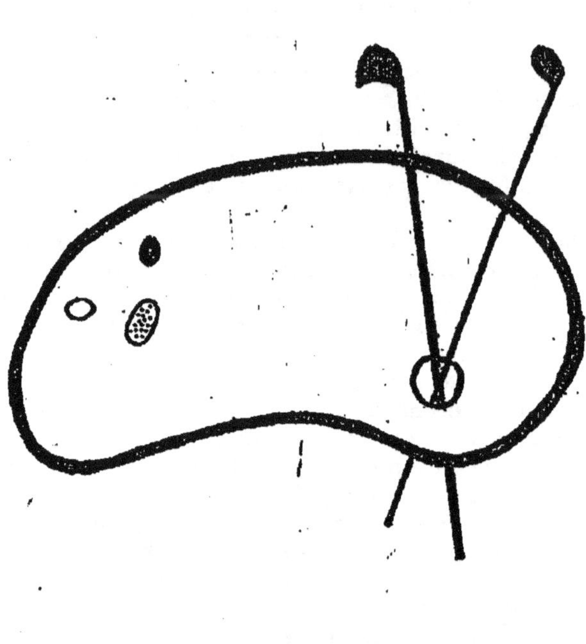

FIN D'UNE SERIE DE DOCUMENTS
EN COULEUR

MONOTHÉISME, HÉNOTHÉISME
POLYTHÉISME

Leçons faites à l'Institut catholique de Paris

PAR

M. l'Abbé de BROGLIE

Avec Préface

Par **Augustin LARGENT**

Chanoine honoraire de Paris

TOME SECOND

PARIS

LIBRAIRIE BLOUD & Cie

4, RUE MADAME ET RUE DE RENNES, 59

1905

TROISIEME LEÇON

ÉTUDE COMPARATIVE DU MONOTHÉISME ET DU POLYTHÉISME

Nous avons constaté la différence profonde qui sépare les deux grandes conceptions religieuses qui règnent dans l'humanité. Nous allons maintenant rapprocher l'un de l'autre ces deux types et les comparer avec plus de détail. Nous essayerons de reconnaître quelle influence ces deux idées exercent sur la raison, la conscience, le cœur et l'imagination des hommes, et sur le développement général de la pensée humaine dans l'ordre philosophique et scientifique.

Cette étude comparative nous permettra de mieux comprendre la différence de ces deux doctrines, et de constater la supériorité du monothéisme.

Considéré au point de vue rationnel, le monothéisme se présente comme une doctrine logique dont toutes les parties sont liées entre elles.

Un principe unique, infini, intelligent, libre, nécessaire, infiniment élevé au-dessus du monde.

Le monde créé par la libre volonté de ce principe et gouverné par son intelligence.

Le sentiment de l'adoration, ou la reconnaissance d'une complète dépendance réservée au Créateur, qui seul y a droit.

Le sacrifice indiquant par l'immolation de la victime que celui à qui il est offert est le maître suprême de la vie et de la mort, réservé comme hommage extérieur au seul Créateur.

Ces quatre vérités se tiennent étroitement ensemble.

L'idée de l'unité du premier principe et de sa nécessité satisfait la raison qui ne peut s'arrêter sur des causes multiples et finies.

La transcendance du premier principe et sa perfection satisfont encore la raison en plaçant dans la cause une perfection supérieure à celle de tous les effets, en ne faisant jamais sortir le plus du moins.

Jusqu'ici donc le monothéisme se montre parfaitement conforme à la raison humaine et capable de la satisfaire.

Mais il présente aussi ses difficultés et son côté mystérieux.

Cet être invisible, transcendant, supérieur au monde entier, immuable, est tout à fait différent des êtres que nous connaissons. Nous ne pouvons nous le figurer par aucune image, il est tout à fait au-dessus de notre expérience.

Il est d'ailleurs, et il doit être incompréhensible et ineffable. Nous ne pouvons le décrire ni raconter ce qui se passe en lui, sans employer des expressions tirées des objets créés, toutes nécessairement inexactes, et conduisant à des contradictions apparentes.

La création est également un acte tout à fait en dehors de notre expérience, un acte qui n'a rien de contradictoire, mais que nous ne pouvons pas comprendre ni nous figurer.

Enfin il est bien difficile d'accorder d'une manière pleinement satisfaisante les perfections et la bonté du Créateur avec le mal qui existe dans le monde.

Ainsi l'idée de création qui par son premier aspect satisfait la raison, l'accable lorsqu'elle cherche à la scruter jusqu'au fond.

Pour que la raison la conserve par ses propres forces, il faut qu'elle fasse un double effort en deux sens opposés.

Il faut, pour conquérir par le raisonnement l'idée de création, que la raison use de toute sa puissance, qu'elle monte par la force de la logique au-dessus des sens et de l'expérience.

Puis, arrivée jusqu'au pied du Créateur, il faut qu'elle reconnaisse que cette puissance n'est rien, il faut qu'elle replie ses ailes, se voile la face, et se résigne à ignorer ce qu'est le Créateur en lui-même, en quoi consiste son action créatrice, quels sont les motifs qui agissent sur sa volonté. Il faut qu'elle renonce à essayer d'expliquer pourquoi le Créateur permet tant d'imperfection et tant de mal dans son œuvre.

Or, on comprend qu'il soit difficile à l'homme de s'humilier ainsi après avoir usé de la puissance de son intelligence avec tant de vigueur et de succès. Cela serait logique sans doute, car la raison ayant découvert un être infini, ineffable, qui est son souverain maître, devrait reconnaître sa complète dépendance et se résigner à ignorer ce qui est au-dessus d'elle. C'est ce sentiment qu'a si bien exprimé Rousseau.

(1) « Que si je viens à découvrir successivement les attributs de Dieu, dont je n'ai nulle idée absolue, c'est par des conséquences forcées, c'est par le bon usage de ma raison, mais je les affirme sans les comprendre, et dans le fond c'est n'affirmer rien. J'ai beau me dire : Dieu est ainsi, je le sens, je me le prouve, je ne conçois pas même comment Dieu peut être ainsi.

« Enfin plus je m'efforce de contempler son essence infinie, moins je la conçois ; plus je l'adore. Je m'humilie et lui dis : Etre des êtres, je suis parce que tu es, c'est m'élever à ma source que de te méditer sans cesse. Le plus digne usage de ma raison est de s'anéantir devant toi ; c'est mon ravissement d'esprit, c'est le charme de ma faiblesse, de me sentir accablé de la grandeur. »

Cet état d'âme décrit avec tant d'éloquence, qu'est-ce, sinon précisément le sentiment de l'adoration réservé dans les cultes monothéistes à l'Etre Suprême, au Créateur de l'univers ?

Mais si cette attitude de la raison est logique, on comprend qu'elle est difficile et qu'elle répugne à l'orgueil naturellement excité par la découverte de la vérité.

Il est bien plus naturel à l'homme de se jeter dans l'un ou l'autre extrême, ou de vouloir tout savoir et résoudre tous les problèmes, ou de se déclarer impuissant à en résoudre aucun et de tomber dans le scepticisme.

Aussi, bien qu'il existe un raisonnement solide qui conduit à l'idée de création, bien que cette idée résulte de l'idée innée à tous les hommes que le principe du monde est unique, qu'il n'y a qu'un seul infini, et de la

____

(1) *Emile.* Livre IV.

notion égal·ment certaine que l'intelligence et la personnalité doivent se trouver à l'origine même des choses, cependant il est certain qu'en pratique, jamais l'idée d'un Dieu créateur n'a pris corps et n'a duré dans l'humanité quand elle a été appuyée sur le seul raisonnement. Partout où elle a existé d'une manière durable, elle s'appuyait sur une tradition remontant elle-même à une révélation vraie ou prétendue.

Telle est donc l'attitude de la raison humaine en présence de la doctrine monothéiste. Elle est satisfaite par la simplicité et la clarté, la cohérence de cette doctrine, le lien logique qui en unit toutes les parties. Mais elle est effrayée par les mystères contenus dans la vie d'un être immuable et transcendant et dans ses relations avec un monde variable et imparfait. Elle trouve dans le monothéisme une explication satisfaisante du monde, mais l'explication elle-même, considérée de face, lui semble inexplicable et difficile à admettre.

Nous ne voulons pas discuter ici la vérité objective du monothéisme. Nous ne voulons pas traiter la question de savoir si la raison doit, en s'appuyant sur les preuves du monothéisme, passer outre à ses difficultés, et continuer, nonobstant les objections, à adhérer à l'existence du Créateur par une sorte d'acte de foi rationnel.

Nous ne traitons de ces doctrines qu'au point de vue subjectif ; nous ne cherchons qu'à comparer l'état d'esprit et de conscience d'un monothéiste avec celui d'un païen.

L'état d'esprit d'un monothéiste consiste, comme nous venons de le montrer, à admettre une doctrine intelligible, claire, simple, logique, cohérente, et conforme aux grands principes de la raison, au principe de causalité, au principe qu'il n'y a de nécessaire qu'un être unique et infini, et que toute cause est supérieure à son effet ; à admettre, dis-je, une telle doctrine nonobstant de très graves, de très profondes et de très redoutables objections ; nonobstant l'obligation de croire à des choses que la raison ne peut pas comprendre, et de maintenir en face l'une de l'autre des propositions antagonistes entre lesquelles il n'est pas possible de trouver de conciliation pleinement satisfaisante.

Ajoutons en dernier lieu que le monothéiste admet

cette doctrine tout entière, sans l'altérer ni la diminuer. La doctrine elle-même ne comporte pas d'altération partielle. Ou le premier principe est créateur et transcendant, ou il ne l'est pas. Ou l'adoration et le sacrifice sont exclusivement réservés à un principe unique, ou ces hommages peuvent être adressés à des êtres multiples.

Examinons maintenant l'autre doctrine, la doctrine polythéiste et panthéiste.

Nous commencerons par remarquer qu'elle échappe à quelques-unes des difficultés du monothéisme. Elle n'oblige pas l'homme à contempler un être transcendant et immuable, placé dans une région supérieure et absolument au-dessus de tout ce que nous pouvons concevoir. Elle écarte également l'idée extraordinaire de la création.

Ce qu'elle nous montre au-dessus de nous, ce qu'elle nous fait adorer, ce sont des êtres plus rapprochés de nous, les forces de la nature dont nous sentons les effets ou bien des dieux analogues à l'homme.

Les actions qu'elle leur attribue sont également du même ordre que nos propres actions. Au lieu d'un Créateur, elle nous montre soit un démiurge organisant une matière préexistante comme nous pouvons le faire nous-mêmes, soit des dieux qui s'engendrent les uns les autres à l'image de la reproduction naturelle des êtres vivants.

Si elle admet un principe unique, ce principe, se confondant avec la nature visible, ou se manifestant par elle, donne par là même prise à notre imagination. La vie du Dieu immanent n'est autre chose que la vie même de la nature que nous sentons en nous et que nous devinons dans tout ce qui nous entoure.

On le voit donc, la doctrine hénopolythéiste supprime une grande partie des mystères et des profondeurs de la doctrine monothéiste. Elle donne aussi une solution particulière du grand problème de l'origine du mal. Le Dieu immanent étant nécessairement imparfait ou se divisant en principes opposés, on ne peut pas lui demander compte des misères et des souffrances de l'humanité, comme on est tenté de le faire en présence d'un Créateur libre et tout-puissant.

La doctrine hénopolythéiste présente donc certains côtés par lesquels elle est plus accessible à l'esprit humain ; elle humilie moins son orgueil ; elle ne l'accable pas sous d'aussi grands mystères. Aussi, sous ces deux formes, sous la forme polythéiste d'autrefois, et sous la forme du panthéisme philosophique moderne, elle a exercé une puissante influence sur le genre humain. Sous la forme antique du polythéisme, elle a constitué de puissantes sociétés qui ont duré un grand nombre de siècles. Sous la forme moderne, elle est, comme nous l'avons remarqué, destructive de la prière et du culte religieux, mais elle constitue une sorte de religiosité vague qui règne sur une grande partie de la société, prenant une forme idéale dans certains esprits et une forme grossière et naturaliste dans un plus grand nombre.

Mais, en revanche, il suffit d'examiner cette doctrine avec soin, pour reconnaître qu'elle est incohérente, contradictoire et absolument dépourvue de logique.

Cela est vrai surtout de la doctrine païenne qui fait l'objet propre de notre étude. — Le panthéisme philosophique, qui en est la transformation moderne, a aussi ses inconséquences et ses contradictions ; néanmoins il est devenu sous certains rapports plus logique en devenant moins religieux et en excluant complètement le surnaturel et la personnalité distincte des dieux païens.

Mais l'hénopolythéisme proprement dit, ou la doctrine païenne, la doctrine qui en excluant la création conserve l'idée de dieux réellement puissants et secourables, l'idée d'adoration et celle de sacrifice, est certainement l'ensemble de croyances le plus incohérent et le plus contradictoire qu'il soit possible d'imaginer.

Ce qui le prouve, c'est l'impossibilité radicale de définir les dieux païens d'une manière précise, ou plutôt c'est l'impossibilité de mettre d'accord l'idée générale de la divinité chez les païens, avec les idées des dieux particuliers qu'ils adorent.

L'idée de la divinité implique celle d'une puissance, d'une personne qui écoute les prières, d'un idéal de grandeur, de beauté, de justice, de bonté et de bonheur.

Or, si nous en exceptons la puissance, chacun de ces caractères essentiels à l'idée de divinité disparaît dans certains dieux païens. Il y a des dieux laids, des dieux mauvais, des dieux faibles, de petits dieux. Il y a enfin des fétiches qui ne sont pas des personnes.

L'idée de la divinité implique en outre, comme nous

l'avons remarqué, celle d'une certaine suprématie, d'une grandeur infinie qui conduit à reconnaître que la divinité est unique.

Et cependant, les dieux sont multiples.

On essaye de lever cette contradiction, au moyen de la doctrine panthéiste du Dieu immanent, unique et multiple à la fois.

Mais c'est pour retomber dans une autre contradiction non moins grande.

En effet, si c'est en tant que manifestation de la nature de l'Être infini immanent, que les dieux sont adorables, alors, par une logique rigoureuse, tout est également adorable, car tout est une manifestation de la substance unique du monde.

Mais adorer indistinctement tous les êtres, c'est n'en adorer aucun. L'idée de divinité par une autre de ses faces est nécessairement exclusive. — Être Dieu, c'est être supérieur à ce qui n'est pas Dieu. Entrer au Panthéon, avoir droit au sacrifice, c'est nécessairement un privilège. Otez la barrière entre ce qui est dieu et ce qui n'est pas dieu, et la divinité elle-même disparaîtra.

A l'idée de la divinité se joint une autre idée qui en est inséparable, celle de sainteté, de chose sacrée.

Les dieux et tout ce qui les touche sont sacrés. Or, le sacré n'est tel que par exclusion du profane. — Cette idée d'opposer le sacré au profane se rencontre constamment dans les religions antiques. Et cependant d'après la notion panthéiste du Dieu immanent, tout devrait être sacré et rien ne devrait être profane.

Ainsi, dans la doctrine païenne, il est impossible de donner un sens précis aux mots *dieu*, *divin* et *sacré*. Le sens de ces mots est incohérent, contradictoire et infiniment variable. Nous verrons quelles conclusions logiques on peut tirer relativement à l'origine du paganisme.

Pour le moment, examinons quelle a été, chez les païens, la conclusion pratique de cette incohérence de leur doctrine ou plutôt de leurs idées religieuses, car un ensemble d'idées aussi contradictoires ne saurait être appelé une doctrine.

La conséquence de cette incohérence d'idées a été que la limite entre le divin et l'humain, entre le sacré et le profane, ne pouvant être tracée au nom d'aucun principe, a été tracée arbitrairement au gré de chacun.

Virgile nous indique naïvement cette pensée païenne :

« O Meliboee, deus nobis hæc otia fecit,
Namque erit ille mihi semper deus : illius aram
Sæpe tener nostris ab ovilibus imbuet agnus (1). »

Nous voyons ici la divinité caractérisée comme dans le monothéisme, par le rite du sacrifice. Mais cette divinité est relative.

Erit deus mihi. C'est l'adoration qui, à son gré, confère la divinité à l'être adoré. C'est l'homme qui choisit son dieu ou qui le crée.

L'arbitraire, le caprice substitué à la raison, voilà le caractère général du paganisme, caractère qui résulte de l'incohérence même de la doctrine. Ne sachant pas ce que c'est qu'un dieu, ni pourquoi un dieu est dieu, le païen divinise ce qu'il lui convient de diviniser.

Cet arbitraire n'est limité que par une tradition aveugle qui n'est autre chose que l'accumulation des inventions et des fables des générations précédentes.

Aussi le paganisme n'est-il pas une doctrine religieuse, il est, de son propre aveu, une mythologie, un recueil de légendes et de fables. Sans doute, à chaque époque il a existé de véritables croyances païennes ; il y avait des dieux qui étaient invoqués avec confiance comme des êtres réels ; leur caractère primitivement fabuleux avait disparu aux yeux de leurs adorateurs. Mais la légende et la fable se reformaient ailleurs. Le polythéisme vit au milieu des fables.

Le monothéisme au contraire, avec sa doctrine exclusive, est l'ennemi des fables. Aussi n'est-ce que par inconséquence que de véritables légendes ou des mythes se glissent à côté de la vérité dogmatique dans un culte monothéiste. Dans le christianisme, cette inconséquence est une espèce de scandale. Cela est au contraire tout naturel dans le polythéisme. Le mélange de la vérité et de l'erreur, de l'histoire et de la fable, de la croyance à des dieux réels et puissants et de pratiques purement arbitraires, c'est l'atmosphère habituelle du polythéisme. Les docteurs païens, ce sont les poètes. La question du vrai et du faux est posée constamment de nos jours par la religion chrétienne et la philosophie chrétienne.

______

(1) *Ecloga* I, vers., 6-8.

Cette question se posait à peine dans le paganisme.

La supériorité rationnelle du monothéisme est donc éclatante. La supériorité du monothéisme sous ce rapport provient-elle de sa vérité objective ? C'est, je l'ai déjà dit, une question que je ne veux pas traiter ici ; c'est une question qui appartient à la philosophie pure, ou qui ne peut être tranchée par l'histoire des religions que lorsque la transcendance du monothéisme chrétien aura été démontrée.

L'idée du Créateur doit-elle triompher de l'idée panthéiste moderne, des cosmogonies évolutionistes et des négations positivistes ? C'est ce que l'avenir décidera. Mais ce qui est certain, c'est que l'idée du Créateur est incomparablement supérieure aux incohérences, aux contradictions et aux fables du paganisme. Ce qui est certain c'est que les religions païennes, avec leurs sacrifices adressés à des dieux multiples et imaginaires, ne peuvent pas tenir un instant, ni devant la lumière du monothéisme chrétien, ni devant celle de la science véritable. Déjà les philosophes grecs en rougissaient. S'il y a réellement un progrès dans la raison de l'humanité, ce progrès a eu pour effet de détruire ces fables étranges qui cependant ont nourri l'esprit, l'imagination et le cœur de peuples entiers pendant de longs siècles.

I

Le monothéisme et le polythéisme au point de vue
moral.

Au point de vue moral, la différence est encore très grande entre les deux doctrines que nous voulons comparer.

Le monothéisme a un caractère éminemment moral. Le Dieu créateur est en même temps le législateur et le juge suprême. Il est élevé au-dessus du monde dans une parfaite indépendance,

Outre qu'il est le juge suprême, il est aussi l'idéal moral. Il est le Dieu saint, le Saint des saints.

Il est l'Etre parfait, le seul qui ait le droit de demander aux hommes de lui ressembler et d'être parfaits comme lui.

Nous devons observer cependant que cette moralité, qui résulte du principe de l'idée monothéiste, n'est pas toujours la doctrine des cultes monothéistes. L'idée du Créateur peut, d'une manière inconséquente, mais par une inconséquence naturelle, s'accorder avec un assez grand relâchement non seulement de pratique, mais même de principes moraux. Le mahométisme, religion strictement monothéiste, en est un exemple.

C'est une inconséquence. L'Etre Suprême doit en effet, par sa définition même, être l'Etre souverainement bon, l'Etre souverainement pur, l'Etre Saint. La conscience, quand elle est droite, l'affirme avec énergie, et la raison déclare que la perfection doit appartenir à l'Etre Infini.

On peut donc distinguer comme deux espèces de monothéisme, l'un qui joint expressément à l'idée de création celle de pureté et de sainteté morale, comme elles sont réellement unies aux yeux de la raison ; l'autre qui conserve l'idée de souveraineté et de création en laissant altérer le caractère moral de la divinité, en admettant qu'elle tolère le mal, ou bien qu'à ses yeux ce qui est mal pour une conscience délicate est excusable.

Mais il importe de remarquer que la logique du monothéisme conduit à une pureté morale très grande. Aussi lors même qu'il y aurait dans la doctrine d'un culte monothéiste un affaissement de l'idée de la sainteté du Créateur, il suffirait de faire appel à la conscience humaine au fond de laquelle est gravée la vraie loi divine, pour relever et corriger la doctrine elle-même. C'est ce qu'ont fait avec une si grande énergie les prophètes d'Israël, faisant appel à la fois à la conscience et à la croyance plus ou moins grossière, mais cependant nettement monothéiste, du peuple qu'ils étaient chargés de réformer.

Le même fait ne se réalise pas ou ne se réalise guère dans le mahométisme. Nous pourrons chercher plus tard, quand nous étudierons cette étrange religion, l'explication de cette anomalie. Mais pour le moment, ne faisant que l'étude des doctrines et des idées religieuses d'une manière générale, nous nous contentons de constater le lien étroit qui existe entre la morale et la doctrine monothéiste. La conscience et la croyance au Dieu unique et créateur se prêtent un mutuel appui. La conscience, quand elle est droite, sincère, relève l'idée du Créateur et empêche qu'il ne soit considéré comme complice du mal. L'idée du Créateur, de sa souveraineté, de son immutabilité et de sa justice vengeresse, garantit la conscience elle-même contre ses propres égarements et l'empêche de capituler devant les passions.

Dans l'histoire du monde, ce monothéisme logique et par conséquent moral s'est manifesté principalement dans les deux religions juive et chrétienne. Là, il est accompagné de l'idée d'une communication directe avec le Créateur, d'une révélation réelle et objective. C'est une autorité extérieure et visible qui maintient à la fois le dogme de la création, et celui de la sainteté et de la justice du Créateur. Mais la révélation sur ce point n'a rien ajouté aux éléments contenus dans la raison et dans le cœur de l'homme. Le Dieu Créateur et le Dieu Saint pourrait être connu par la raison humaine sans la foi.

Nous avons donc le droit de constater l'accord et l'union de l'idée de création et de l'idée de sainteté, sans nous préoccuper de la question de savoir comment cet accord a été pratiquement réalisé sur la terre.

Nous remarquerons seulement que lorsqu'une doctrine est très sublime, très haute et très opposée à l'orgueil et aux passions des hommes, il est naturel qu'elle ne s'établisse et ne se conserve que difficilement dans l'humanité. Nous pouvons très bien admettre que le monothéisme est une doctrine rationnelle, que sa conséquence logique est une morale très pure, et cependant, ne pas nous étonner que ce principe joint à la conséquence n'apparaisse qu'à l'état d'exception sur la terre, et considérer la durée, l'étendue, la force de résistance du monothéisme moral des religions juive et chrétienne comme l'un des traits les plus frappants de leur transcendance et l'une des preuves de leur divinité.

Examinons maintenant la doctrine opposée, l'hénopolythéisme, au même point de vue de la conscience et de la morale.

L'hénopolythéisme étant une doctrine incohérente et contradictoire, il faut, pour juger son caractère moral, en examiner successivement les différents aspects, l'aspect théiste, l'aspect panthéiste, et l'aspect formellement polythéiste.

Le théisme, ou l'idée d'un Dieu intelligent, unique et suprême, est, comme nous l'avons vu, une doctrine qui se rencontre très souvent au milieu du paganisme, se greffant, d'une manière plus ou moins incohérente, sur le polythéisme lui-même.

Or, c'est évidemment une doctrine analogue au monothéisme et qui, comme celui-ci, peut servir de fondement à la morale. Sans doute, le Dieu du théisme n'a pas la toute-puissance du Créateur ; il n'est pas aussi évident qu'il s'occupe des actions de chaque individu, et qu'il soit impossible d'échapper à son regard et à sa justice, mais néanmoins il reste le juge suprême et le principe de l'ordre.

Partout où le théisme se rencontre, il y a donc un principe moral. Il peut même se faire que chez des peuples plus civilisés et dont la conscience est plus cultivée, le théisme s'associe à une morale plus pure que celle qui résulte d'un monothéisme grossier. C'est ainsi que la morale du *Livre des Morts* d'Egypte est plus élevée sur certains points que la morale du Coran.

Seulement, il faut bien se le rappeler, le théisme païen est une doctrine peu stable, qui tend constamment à se transformer en panthéisme ou en polythéisme, qui ne repose pas sur une base logique, puisqu'elle est en désaccord avec les idées religieuses qui vivent côte à côte avec elle. C'est donc un principe de moralité beaucoup plus faible en lui-même que le monothéisme, beaucoup moins capable de réprimer des passions violentes ou des appétits grossiers.

Le Dieu immanent, le Dieu du panthéisme qui prédomine si souvent dans les cultes païens, n'est point un principe moral.

Selon la doctrine panthéiste, tout est également adorable ; le mal est divinisé comme le bien. Le Dieu immanent n'est point un juge ni un législateur, il n'est même pas un idéal.

On peut même dire qu'au point de vue moral, l'action du panthéisme est funeste. En divinisant la nature entière, il divinise les passions humaines, et par là il les autorise et leur donne libre carrière.

L'un des signes les plus frappants de ce relâchement moral qui est la conséquence nécessaire du panthéisme, c'est le sens étrange que prennent les termes de saint et de sacré, entendus selon cette doctrine.

Selon la doctrine monothéiste, les termes saint et sacré sont équivalents de pur, de séparé du mal, de conforme à l'ordre moral. — Or, dans la littérature et dans les poésies panthéistes, ces mots ont changé de sens, ils indiquent une sorte d'union mystique avec un être infini, indifférent entre le bien et le mal. Un idéal en apparence élevé, certaines beautés poétiques, un enthousiasme plus ou moins sincère, associés à l'absence de règle morale, et à la pleine liberté laissée aux passions, tel est le dangereux caractère des écrits où règne le panthéisme. Tel est aussi, bien souvent, le caractère des religions imbues de cette doctrine.

Dans l'antiquité, les cultes panthéistes ont conduit à des conséquences inouïes sous le rapport de la dépravation et de la cruauté.

Rien n'égale la corruption des cultes phéniciens dont la pensée est certainement panthéiste. Le culte panthéiste des puissances destructives de la nature est également l'explication de l'immolation des enfants dans le culte de Moloch et de Baal Hamon. Sans doute, le panthéisme n'a pas toujours porté ces conséquences. Elles résultaient en partie du caractère sensuel et violent des peuples phéniciens ; mais le panthéisme contient en principe toutes ces abominations, et ne contient aucune règle pour diriger l'humanité, aucun frein pour contenir ses passions.

Quelques panthéistes modernes ont été frappés de ces conséquences de leur doctrine et ont essayé de les éviter. M. Vacherot a imaginé la distinction des deux dieux, l'un réel et puissant, l'autre parfait mais idéal, c'est-à-dire imaginaire. M. Renan a, dans quelques-uns de ses ouvrages, adopté cette conception. Mais il est facile de reconnaître qu'elle est tout à fait impuissante pour combattre les funestes effets du panthéisme. Quelle peut en effet être la force morale réelle d'un idéal qui n'existe que dans la pensée des hommes ? Quelle résistance cette abstraction peut-elle apporter aux conséquences du culte de la nature visible divinisée ?

Si Jéhovah, tout-puissant et créateur, semble, parce qu'il est invisible, trop faible pour contenir l'humanité, que sera-ce d'une pure idée qui n'est éternelle qu'à la condition d'être privée de toute vie, et qui cesserait d'exister, même sous sa forme idéale, si les êtres humains disparaissaient ?

Que dirons-nous maintenant, au point de vue du polythéisme proprement dit, de la multiplicité des dieux ?

En soi, cette multiplicité n'est pas nécessairement immorale. — Plusieurs dieux pourraient être justes et bons, récompenser la vertu et punir le crime. Cependant on se demanderait pourquoi ils s'accordent ainsi, et on chercherait au-dessus d'eux une loi abstraite qui serait alors le véritable principe premier de la morale, et cette loi obligerait, sous peine d'inconséquence, à remonter à un législateur unique.

Le polythéisme, même sous la forme la plus pure, est donc un principe de morale plus faible encore que le théisme.

Néanmoins on ne saurait contester que chez certains poètes grecs, il n'y ait une véritable morale religieuse, et que les dieux de l'Olympe, les furies vengeresses du crime, ne fussent capables d'exercer une action utile sur l'humanité. C'est que, dans ce cas, le polythéisme se rapprochait plus du théisme que du panthéisme ; c'est que les dieux jouaient en commun le rôle d'une Providence et d'un Dieu suprême.

Mais le polythéisme ne peut pas se maintenir longtemps à cette hauteur. Par sa nature même, il s'abaisse. L'anthropomorphisme introduit dans les dieux toutes les passions humaines. La multiplicité des dieux conduit à les considérer comme ennemis, à établir une lutte entre les dieux bons et les dieux mauvais. Le panthéisme, dont l'influence est si funeste, pénètre de toutes parts sous les formes multiples du paganisme. Enfin le culte des dieux formellement mauvais, les superstitions absurdes et cruelles et toutes les horreurs de la magie se rattachent sans solution de continuité à la forme polythéiste. Une fois l'unité divine brisée, la religion entre en décomposition, comme un corps vivant qui, en se dissolvant, exhale des émanations fétides et devient la proie des vers.

Sans doute encore, entre le polythéisme élevé qui touche au théisme et les cultes cruels et obscènes, où la mythologie fondée sur les amours des dieux, il y a une grande distance. Quelquefois les sociétés religieuses s'arrêtent pour un temps sur la pente. Néanmoins l'exemple du polythéisme grec, celui où l'idéalisme a été poussé le plus haut, et où la corruption a été la plus profonde, nous montre combien rapidement une religion polythéiste glisse dans l'abîme où s'est effondré le paganisme classique.

Nous pouvons donc dire, en résumé, que le monothéisme est une religion qui, suivant ses principes et sa logique, est éminemment morale, et qui ne s'abaisse que par une contradiction à sa propre nature, tandis que l'hénopolythéisme n'est un principe moral que par exception, et tend par sa nature à lâcher la bride aux passions humaines.

Nous reconnaîtrons sans difficulté que quelquefois le polythéisme, dans ses formes les plus élevées, a pu être moralement supérieur à la forme basse de monothéisme que nous présente la religion musulmane. Mais nous maintiendrons que quand le monothéisme est logique et conforme à ses propres principes, il s'élève dans l'ordre de la conscience beaucoup plus haut qu'aucun paganisme, et que lors même qu'il s'abaisse, il ne descend pas jusqu'aux excès de corruption et de cruauté qui signalent un grand nombre de cultes païens.

II

Le monothéisme et le polythéisme considérés au point
de vue du cœur et de l'imagination et du développe-
pement général de la pensée humaine.

Jusqu'ici nous avons soutenu une thèse qui ne peut guère être sérieusement contredite. La différence entre le monothéisme et le polythéisme au point de vue ra-tionnel et moral, la supériorité du premier, sont des vérités évidentes.

Mais si nous considérons les religions non plus sous le rapport de leur vérité et de leur bonté, mais sous celui de leur beauté, de leur utilité et de leur action sur l'humanité, nous rencontrons des assertions, assez plausibles en apparence, de rationalistes modernes qu'il est important de discuter.

Le monothéisme est, disent-ils, une doctrine étroite et austère. Par l'adoration exclusive d'un être unique, invisible et inconcevable, il ne satisfait pas les besoins du cœur humain qui cherche à diversifier ses objets de culte. Par son opposition avec l'idolâtrie, il est contraire au développement des arts plastiques.

Bien plus, par sa conception étroite, il gêne les progrès de la science et de la philosophie. Obligeant les hommes à contempler la cause première, il les détourne de l'étude des causes secondes. Ne regardant qu'un principe extérieur et supérieur au monde, il ne permet pas de sentir la vie immanente de la nature. Absorbé dans la considération de l'unité de la cause première, il perd de vue la multiplicité de l'univers.

C'est donc une doctrine étroite, sèche, insuffisante pour l'humanité, et, de plus, intolérante.

Aussi cette doctrine dans sa pureté n'a été professée que par une race de l'humanité, la race sémitique, et cette race est elle-même inférieure à la grande race qui est à la tête de la civilisation, la race aryenne.

Le Christianisme, il est vrai, se prétend l'héritier de la tradition monothéiste; mais il a tort, le monothéisme s'est altéré entre ses mains par un mélange d'idées panthéistes et païennes, et c'est grâce à cette introduction d'idées plus larges qu'il a pu acquérir un empire si grand sur une partie importante de l'humanité.

C'est le monothéisme musulman qui est le véritable monothéisme pur et sans mélange. Aussi a-t-il à l'extrême tous les défauts du principe monothéiste, il est étroit, intolérant, fanatique et contraire au libre épanouissement de la pensée humaine.

Le christianisme étant, selon l'opinion des auteurs que nous citons, la fusion du monothéisme et du polythéisme, il semblerait qu'il devrait être supérieur à tous deux. Mais au contraire, il leur est inférieur. En effet, d'une part les deux principes qu'il résume se contredisent l'un l'autre. D'autre part, il a conservé du monothéisme sémitique une part d'héritage funeste, l'intolérance dogmatique. En vertu de ce principe, il prétend imposer d'autorité une doctrine irrationnelle et contradictoire.

Il doit donc être rejeté, et il faut lui substituer une autre conciliation du monothéisme et du polythéisme, celle qui, fondée sur la tolérance, considère ces deux doctrines comme deux aspects partiels et incomplets de la nature, qui ont chacun leur beauté et leur utilité, et doivent être laissés à leur libre développement, chacun se débarrassant de son intolérance et des superfétations dogmatiques qui les mettent en opposition l'un avec l'autre.

Tel est l'ordre d'opinions que l'on rencontre dans un grand nombre de livres modernes qui traitent de l'histoire comparée des religions.

Il y a dans cet ensemble d'idées une part de vérité, mais il y a aussi une grande part d'erreur qu'il est facile de réfuter. Il suffit de procéder par ordre et d'examiner successivement les diverses assertions des auteurs dont nous avons résumé la pensée.

En premier lieu, nous devons convenir que le caractère d'autorité un peu étroite qui est reproché au monothéisme en général, appartient réellement à certaines religions monothéistes, au monothéisme hébraïque et au monothéisme musulman. Il est certain que les pays où ont été professées ces religions n'ont pas été le théâtre d'un mouvement d'idées philosophiques analogue à celui de la Grèce et de l'Inde, ni d'un progrès scientifique comparable à celui des peuples européens. Il est certain aussi que la défense d'employer dans le culte et même en dehors du culte des représentations figurées, était nuisible au progrès de l'art. Enfin nous pouvons ajouter qu'il y a dans la nature humaine un double besoin, d'une part, de diversifier les objets du culte et, d'autre part, de les rendre sensibles, qui n'est pas satisfait par le culte unique et exclusif d'un Créateur invisible, tel qu'il existait dans ces religions.

Mais nous contestons que cette forme si étroite et si austère soit la conséquence nécessaire du principe monothéiste, qu'elle soit la seule forme possible de monothéisme. Le monothéisme n'exige pas autre chose que la croyance à un Dieu créateur, transcendant, auquel elle réserve l'adoration. Même il permet qu'au-dessous de ce Créateur d'autres êtres soient honorés ; il ne défend pas qu'ils soient représentés d'une manière sensible ; il n'y a rien non plus dans le principe monothéiste qui défende la représentation de l'Etre Suprême, pourvu que ces représentations soient interprétées d'une manière intelligente et qu'on ne prenne pas le signe pour l'objet signifié.

Il n'y a rien non plus dans le principe monothéiste qui soit contraire au développement des idées philosophiques. Les rapports du Créateur avec les créatures, les rapports des créatures entre elles, la nature et l'essence intime des êtres, sont la source d'une foule de questions philosophiques qui peuvent être étudiées sans contredire le principe monothéiste, qui peuvent même vivre à l'abri de ce principe.

L'étude des causes secondes n'est nullement contrariée par la connaissance d'une cause première ; les sciences naturelles qui conviennent elles-mêmes qu'elles ne possèdent pas la clef du secret de l'origine du monde, ne sont nullement gênées par l'idée que les substances qu'elles étudient sont créées, que les lois qu'elles constatent résultent de la volonté d'un législateur.

En principe donc, le monothéisme n'entraîne pas les conséquences étroites et rigoureuses que l'on est obligé de constater dans le culte juif et plus encore dans le culte musulman.

Ces conséquences proviennent d'ailleurs.

Elles proviennent, pour le culte juif, de ce que ce peuple, seul chargé de conserver le monothéisme au milieu de peuples païens, était obligé de se défendre avec énergie contre les tendances païennes, et de réagir contre elles par une sorte d'exagération du principe exclusif du monothéisme. C'est à cette nécessité que doit être attribuée la défense rigoureuse des images et des représentations de la divinité, etc.

A l'égard du culte musulman, on peut attribuer son caractère exclusif à l'attitude d'opposition prise par son fondateur à la fois contre le paganisme et contre le christianisme qu'il connaissait imparfaitement.

A cette époque primitive où les hommes étaient très sûrement portés au paganisme, où il y avait une espèce d'efflorescence du sentiment religieux, une création continuelle de dieux nouveaux, on comprend que l'emploi d'images aurait pu porter à l'idolâtrie. Au temps où selon la parole d'un poète :

> « ... Le ciel sur la terre
> Marchait et respirait dans un peuple de dieux ; »

au temps où, selon le langage énergique des prophètes, Israël se prostituait aux dieux de la Phénicie sur toutes les collines élevées et sous tous les arbres touffus, il était nécessaire, pour combattre d'une manière sensible cette tendance si violente, d'avoir un temple vide et sans images, qui était par là même comme une sorte de représentation sensible de la majesté invisible du Créateur. Mais c'était une nécessité de circonstance et non une conséquence rigoureuse du principe monothéiste.

On pourrait aussi faire intervenir l'influence du caractère du peuple arabe chez lequel la religion islamite s'est formée. Les influences de race et de milieu sont réelles ; c'est leur exagération qui est une erreur grave. Autant il serait déraisonnable d'attribuer à une race particulière la formation exclusive d'une idée aussi grande et aussi originale que celle du Dieu créateur, autant il est admisible que cette idée prenne dans certains peuples, en raison de la race et du degré de civilisation, un caractère plus absolu, plus étroit et plus fanatique.

Quelles que soient d'ailleurs les causes de cette étroitesse du monothéisme hébreu et arabe, elles ne tiennent pas au principe même du monothéisme.

Aussi, on comprend qu'une autre forme de monothéisme ait pu naître, toujours exactement conforme au principe de l'unité et de la transcendance, mais toute différente d'aspect.

Au culte de Jéhovah, le Dieu solitaire et invisible du Sinaï, succède le culte de Jésus, qui est le même que Jéhovah, qui est également le Dieu invisible et suprême, mais qui est venu sur la terre et a apparu au milieu des hommes, sous une forme sensible, pleine de grâce et de vérité. Par là même, toute l'apparence de la religion a changé, bien qu'elle soit restée également pure et fidèle au principe de la transcendance du Créateur. Autour de ce Dieu manifesté en chair se sont placés d'autres êtres qui ne sont pas adorés, mais qui sont l'objet d'un culte d'un autre ordre, qui reçoivent un hommage inférieur de simple vénération. Du moment que Dieu s'est manifesté ainsi d'une manière visible, on n'a pas craint de placer d'autres images à côté de la sienne ; il était certain que sa beauté, sa grandeur et sa majesté domineraient l'éclat inférieur des créatures. A la place des héros divinisés de l'ancien paganisme ont été mis les martyrs, les véritables héros chrétiens qui étaient destinés à conserver et à relever constamment le sentiment de l'idéal dans l'humanité. Au-dessus de tous, de tous ces saints et de tous les anges a pu être placé le trône d'une créature qui porte le titre de Mère de Dieu, mais qui diffère infiniment des divinités païennes, car, par son rôle même dans le mystère de l'Incarnation, il faut qu'elle soit une fille d'Adam et non une déesse. C'est ainsi qu'est née une autre forme de monothéisme plus large, plus compréhensive, qui est cependant tout aussi pure et tout aussi exclusive. L'Eglise a apporté un soin continuel à maintenir la pureté du monothéisme, à veiller sur tous ces développements extérieurs qui ont une ressemblance apparente avec le paganisme pour les empêcher de s'écarter du principe monothéiste et de dégénérer en mythologie. C'est ainsi que la religion catholique satisfait, en les disciplinant, les divers instincts de l'humanité, la tendance à la diversité des objets de culte, la tendance à adorer l'être invisible sous des formes visibles, et jusqu'à cet instinct étrange qui engendre le fétichisme : instinct qui porte à considérer comme sacrés les objets matériels. Dans son vaste système de liturgie, l'Eglise s'empare pour ainsi dire de la nature entière pour la bénir, la consacrer et la placer dans des rapports spéciaux avec le Dieu suprême. C'est ainsi que le monothéisme catholique, réunissant le caractère exclusif de la vérité rationnelle et de la sainteté morale, avec le développement des formes nécessaires pour satisfaire le cœur et l'imagination, est vraiment la religion complète, la religion pure et parfaite. Ce titre lui a été reconnu par un philosophe qui ne professe pas le christianisme ; M. Jules Simon, dans le livre même où il pose les bases d'une religion fondée sur la raison seule, ne craint pas de dire que le catholicisme est l'idéal d'une religion positive.

Les reproches faits au monothéisme par M. Renan ne tombent donc pas sur le véritable monothéisme. Ils tombent uniquement sur des formes spéciales du monothéisme, sur le monothéisme hébraïque, qui cependant, malgré la défense des images, admettait un culte extérieur très développé, et surtout sur le monothéisme des Iconoclastes et des Musulmans, sur les exagérations fanatiques du caractère nécessairement exclusif et simple d'une doctrine vraie.

Il est vrai qu'à la place de ces reproches, les rationalistes en adressent un autre au catholicisme. Ils prétendent qu'il a abandonné le monothéisme, que cette apparence, semblable au paganisme, est un paganisme véritable, que le monothéisme a un principe contraire pour produire cette forme supérieure de religion.

Nous avons déjà répondu à cette objection en expliquant la vraie nature du monothéisme. Nous n'avons pas besoin de revenir sur cette réponse. Nous laissons à la théologie catholique le soin d'expliquer en détail comment les divers développements du culte catholique restent en harmonie avec la pureté du monothéisme.

Rien n'est plus évident, pour quiconque veut se donner la peine d'y regarder, que le caractère monothéiste de l'enseignement officiel de la religion catholique, que la précision avec laquelle la liturgie sacrée distingue le culte du Créateur de celui de la créature.

Rien n'est plus évident que le souffle monothéiste qui anime toute la littérature des siècles chrétiens. Il y a entre le paganisme et le catholicisme des ressemblances de forme, mais c'est une autre âme qui anime ces formes semblables. Au lieu d'attirer vers elles-mêmes ou vers la substance immanente qui les constitue, l'adoration des fidèles, toutes les créatures sont appelées, dans la grande harmonie de la doctrine et du culte catholique, à faire ressortir avec plus d'éclat la grandeur et la majesté du Créateur.

Si les adversaires du catholicisme se contentaient de dire que chez certains catholiques ignorants, ou même dans certaines populations catholiques mal instruites, des formes analogues au paganisme produisent des idées païennes, nous ne contredirions pas leur opinion. Le monothéisme catholique qui est une doctrine très élevée ne peut subsister qu'à la condition d'être perpétuellement enseigné ; dès que l'enseignement fait défaut, le monothéisme catholique se corrompt, et le paganisme peut l'envahir à l'intérieur, de même qu'il envahissait par le dehors le monothéisme hébraïque, quand la voix des prophètes se taisait.

Mais dire que la religion catholique prise dans son ensemble, dans ses principes et dans sa forme normale, n'est pas une religion monothéiste ; dire que, sous l'influence de l'Eglise catholique, le culte du Dieu créateur, du Dieu transcendant et parfait, n'a pas existé sur la terre depuis l'origine même de l'Eglise, c'est nier un fait évident comme le soleil, c'est se refuser à voir ce que le spectacle du présent et l'histoire du passé attestent avec une égale force.

Si donc il est vrai, dans un certain sens, que la vérité contenue dans le monothéisme hébraïque et la beauté artistique et imaginative des cultes païens doivent être unies pour former une religion complète et parfaite, c'est dans le catholicisme que cette union s'est produite.

La prétendue religion universelle, fondée sur la tolérance générale des erreurs, le syncrétisme qui réunirait le monothéisme au polythéisme en laissant à ce dernier sa nature et sa forme, est la plus étrange des conceptions. C'est une conception beaucoup plus étrange et plus incohérente que le paganisme lui-même, ce qui est beaucoup dire. On fait entrer dans cette combinaison le monothéisme, en le dépouillant de son intolérance et de son caractère exclusif, c'est-à-dire de ce qui tient à sa nature même et à son essence. On y fait entrer le paganisme, mais en ôtant aux dieux païens leur réalité personnelle et leur pouvoir surnaturel, c'est-à-dire tout ce qui faisait leur mérite aux yeux de leurs adorateurs. On construit en un mot un système absolument contradictoire dans lequel l'unité et la pluralité, la transcendance et l'immanence se heurtent en face.

Cette étrange religion universelle, telle qu'elle est imaginée par les panthéistes modernes, est en réalité la destruction de toute religion véritable. Elle n'admet aucun Dieu personnel, ni le Dieu créateur, ni les dieux inférieurs du paganisme ; elle nie l'efficacité de la prière ; elle considère les rites sacramentels comme de pures formes sans efficacité ; elle rejette la vie future ; elle se confond enfin avec l'athéisme, c'est-à-dire avec le contraire même de toute religion.

Il en résulte que tandis que le monothéisme catholique, la vraie religion parfaite et universelle, satisfait en les disciplinant et en les tempérant l'une par l'autre les diverses aspirations de l'âme humaine, qu'il satisfait la raison par son caractère élevé et logique, la conscience par la règle morale vivante qu'il affirme, le cœur et l'imagination par ses mystères touchants et les variétés de sa liturgie et de son culte, la religion universelle selon le panthéisme contredit à la fois tous ses instincts.

Elle est irrationnelle et absurde, reposant sur une idée à la fois vague et incohérente de la divinité ; elle est indifférente entre le bien et le mal, elle ôte toute efficacité à la prière et détruit toute espérance d'un bonheur à venir.

Cependant, nous devons en convenir, cette religion universelle panthéiste a un avantage. Elle échappe à l'une des conditions du monothéisme, elle n'a pas ce caractère exclusif, cette opposition ouverte avec toutes les erreurs qui est un des caractères du culte du Créateur.

Seulement, il importe de remarquer que cette intolérance dogmatique, si souvent reprochée au monothéisme, ne lui est pas propre ; elle est en général le caractère nécessaire de toute doctrine qui prétend à être vraie. — Rien n'est plus intolérant que les sciences expérimentales et mathématiques. Elles rejettent les erreurs avec énergie ; quiconque essayerait de nos jours de nier le mouvement de la terre serait excommunié par la science.

Si le polythéisme et le panthéisme n'ont pas cette intolérance, c'est parce qu'ils ne contiennent pas de doctrine certaine, c'est qu'ils sont composés de légendes et de fables ou d'élucubrations philosophiques incertaines.

Le polythéisme crée des dieux à volonté ; on entre dans un Panthéon sans passe-port. Non seulement tous les êtres visibles ou invisibles depuis les astres jusqu'aux plantes pourraient être divinisés, mais les mots eux-mêmes deviennent des dieux.

A ce prix, c'est-à-dire en renonçant à la distinction du vrai et du faux, il est facile d'être tolérant ; une telle tolérance pour l'erreur, c'est le scepticisme universel. Si c'est la tolérance que demande pour pouvoir vivre une certaine philosophie ; si c'est cette indifférence entre le vrai et le faux qu'elle offre comme idéal à l'humanité ; si elle est gênée quand on ne lui permet pas de dire ce qui lui plaît, que ce soit vrai ou faux, c'est une philosophie qui est vraiment peu ambitieuse. Elle ne mérite ni le nom de science ni celui de philosophie. Elle n'est qu'une poésie ou une littérature. Il est facile, dès lors, de comprendre que le monothéisme qui prétend à être autre chose qu'une littérature ou une poésie, qui est une doctrine rationnelle sérieuse, et qui prétend à être la vérité, ne peut pas ainsi admettre l'égalité entre la vérité et l'erreur.

Ainsi, en résumé, le monothéisme, considéré d'une manière générale, satisfait les instincts de l'humanité dans ce qu'ils ont de beau, d'élevé, de noble et de vrai. Il satisfait à la fois la raison, la conscience droite, l'imagination et le cœur, quand ils sont disciplinés par la raison et la conscience.

Que dirons-nous maintenant du polythéisme considéré au même point de vue ?

Sous le rapport du développement philosophique et scientifique, l'action du polythéisme semble avoir été à peu près nulle. Précisément en raison du vague des idées païennes et de l'indifférence entre le vrai et le faux qui en est l'un des caractères, le polythéisme n'exerçait aucune gêne, mais ne donnait aussi aucun appui aux efforts faits par l'humanité pour découvrir les lois des phénomènes et expliquer l'origine du monde.

Les cosmogonies philosophiques pouvaient vivre à côté des cosmogonies païennes ou se fondre avec elles en prenant la forme mythologique.

Mais sous le rapport de la satisfaction de certains instincts du cœur humain, et sous celui du développement des actes et des œuvres d'imagination, les cultes païens ont eu une véritable puissance.

L'absurdité de certains récits mythologiques, le caractère irrationnel des doctrines païennes, porteraient à croire que le paganisme était sans action véritable sur les âmes. Rien ne serait plus faux que cette pensée.

Le Père Lacordaire a, dans une de ses conférences, fait revivre avec un talent remarquable les cérémonies païennes en expliquant leur influence sur les âmes (1).

« Jusqu'à présent, peut-être, vous avez considéré « l'idolâtrie comme une organisation religieuse facile à « renverser ; vous vous trompiez de beaucoup. De tous « les cultes qui ont pris possession de l'homme, il n'en « est aucun, sauf le christianisme, qui ait eu plus

____

(1) *Conférences de Notre-Dame*, année 1848, p. 265, 266, 267, 268.

« d'étendue et de solidité que l'idolâtrie. Cela tient à ce
« que les trois grandes passions de l'homme y étaient
« servies à souhait. Quelles sont ces trois passions ? La
« première, vous allez vous étonner peut-être, la pre-
« mière est la passion religieuse, le besoin de commercer
« avec Dieu. Oui, Messieurs, la passion religieuse
« marche en nous avant toutes les autres, même avant
« la passion de la volupté. Car la volupté ne touche
« qu'aux sens qui sont fragiles, qui s'épuisent vite,
« qui se lassent d'eux-mêmes, tandis que le besoin reli-
« gieux, sorte de faim divine, a sa source au plus pro-
« fond de notre être, et s'y nourrit de toutes les misères
« qui nous dégoûtent incessamment de la vie présente.
« L'orgueil aussi ne vient qu'après ; si vif qu'il soit, il
« est sujet, ici-bas, à trop d'humiliations pour ne pas
« seconder et porter en avant dans notre âme un senti-
« ment meilleur et plus doux, celui qui nous rapproche
« de Dieu et nous fait chercher dans sa grandeur notre
« propre dignité. La religion est la première et la plus
« vieille amie de l'homme ; même lorsqu'il la contriste,
« il la respecte encore et se ménage avec elle de secrètes
« intimités. Que l'état de notre pays, Messieurs, ne
« vous fasse pas d'illusion à cet égard ; parce qu'il y a
« en France quelques millions d'hommes abrutis dans
« l'athéisme pratique, ne croyez pas que ce soit là l'état
« naturel du genre humain. C'est la suite de circons-
« tances inouïes, et cette même France, malgré l'irréli-
« gion d'une partie de ses enfants, n'a pas cessé un seul
« jour de porter dans son sein glorieux une multitude
« d'âmes qui servent Dieu ardemment et honorent leur
« foi par des œuvres connues de toute la terre.

« Or, l'idolâtrie, malgré ses apparences peu doctri-
« nales, donnait satisfaction au besoin religieux ; elle
« avait des temples, des autels, un sacerdoce, des sacri-
« fices, des prières, des cérémonies publiques et pom-
« peuses, un très grand état dans le monde ; et les lam-
« beaux de sa mythologie cachaient encore assez de
« souvenirs de Dieu pour que l'âme n'y fût pas tout à
« fait à jeun et sans aliment.

« Mais ce qu'il y avait d'admirable, c'est que l'idolâ-
« trie, en donnant satisfaction aux penchants élevés de
« notre nature, ne dédaignait pas les plus abjects et
« leur jetait avec abondance une pâture sacrée. Je ne

« sais quel art profond avait broyé ensemble Dieu et la
« matière, la religion et la volupté, et faisait descendre
« du même autel des pensées graves et de honteuses
« sollicitations. L'idolâtre avait tout dans ses dieux ;
« quoi qu'il voulût, le ciel obéissait à ses désirs. Quel
« chef-d'œuvre, pour que le ciel à son tour fût obéi !
« Joignez à cela que la troisième passion de l'homme,
« l'orgueil de la domination, avait aussi dans ce culte,
« savant par sa dégradation même, une ample satisfac-
« tion. L'idolâtrie n'était pas distincte de l'empire ; le
« prince, ou le sénat, ou le peuple, disposait de la ma-
« gistrature sacerdotale, nommait les pontifes, réglait
« les cérémonies, se donnait le plaisir de cacher la robe
« de ses consuls sous le manteau de ses dieux. La reli-
« gion était encore la patrie. On voyait du même pas
« marcher devant la république les faisceaux et les au-
« tels : les faisceaux, symbole de sa justice et de sa
« puissance ; les autels, symbole de cette alliance mysté-
« rieuse qui rattachait les destinées de l'Etat aux desti-
« nées mêmes des dieux.

« Non, vous ne vous représenterez jamais assez la
« force de cette institution. Ah ! si une cérémonie
« païenne ressuscitait sous vos yeux ; si vous pouviez
« voir Rome entière montant au temple de Jupiter Capi-
« tolin, ce peuple, ces légions, ce sénat, tous les souve-
« nirs patriotiques montant avec eux, et tous ensemble
« portant aux dieux la nouvelle victoire de Rome ! Si
« vous entendiez le silence et le bruit de l'unanimité, ce
« murmure de toutes les passions convaincues de leur
« droit et satisfaites de leur triomphe, aussi bien l'or-
« gueil que la volupté, aussi bien la volupté que la re-
« ligion, le haut et l'abject, le ciel et la terre, tout à la
« fois, tout dans un seul jour et dans une seule action :
« si vous aviez vu et entendu cela, vous-mêmes, peut-
« être, succombant à ce total enivrement des facultés hu-
« maines, vous eussiez un moment courbé la tête et adoré
« dans les mains de Rome les antiques dieux du monde. »

On ne saurait donc nier que les doctrines panthéistes,
en associant le sentiment religieux d'une manière
étroite à la nature visible et aux passions humaines,
n'aient produit souvent un assemblage, d'une singulière
puissance, une mysticité sensuelle qui peut être l'origine
du plus violent fanatisme.

Enfin il est incontestable que les religions païennes ont eu une très puissante action sur les sociétés païennes, qu'elles les ont conservées et soutenues, qu'elles sont sous ce rapport de beaucoup préférables à l'athéisme et même à l'indifférence religieuse.

Il serait tout à fait contraire à la véritable impartialité de contester ou de négliger ces côtés puissants, et par conséquent réels du paganisme. Au point de vue subjectif, les cultes païens sont des religions véritables qui se saisissent de l'homme tout entier et exercent sur lui une puissante influence. Mais il ne faudrait pas conclure de cette réalité subjective du paganisme à la vérité objective de ses doctrines. L'histoire prouve que les hommes s'attachent avec passion à des idées imaginaires et à des notions erronées ; elle vérifie souvent la parole du fabuliste :

> L'homme est de glace aux vérités,
> Il est de feu pour les mensonges.

Nous avons vu d'ailleurs que le polythéisme ne prétend nullement à cette vérité objective, et qu'elle semble lui être indifférente.

L'action et l'influence sociale réelle du paganisme sont donc, en faveur de sa vérité, un argument sans valeur réelle.

Il n'en est pas de même de l'action sociale du christianisme. Elle peut être employée comme un argument parce qu'elle est d'un autre ordre, parce qu'elle consiste, non à soutenir et à faire vivre une société, mais à l'élever à un état très supérieur au point de vue moral. Si l'on peut démontrer cette supériorité complète des sociétés chrétiennes sur les sociétés païennes, on a le droit d'en conclure qu'elle provient d'une cause surnaturelle.

Mais n'on a le droit de rien conclure de ce que l'humanité étant naturellement religieuse et ayant besoin d'un culte, des religions diverses exercent sur la société une puissante action. On comprend même qu'une religion qui impose un joug moins lourd aux passions et à l'orgueil intellectuel soit l'objet d'un plus vif attachement et exerce une plus forte influence. Il n'y a rien là qui ne puisse s'expliquer par les lois générales de la nature humaine.

Nous terminons ici cette comparaison entre le monothéisme et le polythéisme. Elle nous confirme dans les résultats que nous avons déjà obtenus.

Le monothéisme et le polythéisme, ou pour être plus exact l'hénopolythéisme, sont deux types religieux profondément distincts. Leur point de départ est une idée toute différente de la divinité, l'idée d'un Créateur unique et transcendant, d'une part, et, d'autre part, celle d'une divinité vague et immanente, combinée avec celle d'individualités divines multiples. Le caractère du monothéisme, c'est l'attachement à la vérité avec l'exclusion vigoureuse de l'erreur ; il est une doctrine logique et précise. Le caractère du polythéisme c'est le vague, l'incohérence, l'indifférence entre l'erreur et la vérité.

Ces caractères opposés se manifestent de diverses manières dans les rapports de ces doctrines avec les différentes faces de la nature humaine. Au point de vue rationnel, le monothéisme est infiniment supérieur, le polythéisme est à peu près nul. Au point de vue de la conscience, le monothéisme a une incontestable supériorité ; le polythéisme, le plus souvent dangereux et corrupteur, ne l'est cependant pas toujours, et peut même dans certains cas exercer une influence utile.

Au point de vue du développement général de la pensée humaine, le monothéisme ne combat pas ce développement, mais il le gouverne et le dirige ; le polythéisme n'exerce pour ainsi dire aucune action.

Au point de vue de l'action sur le cœur et sur l'imagination des hommes, et de l'influence sur la société, les deux doctrines ont une puissante influence ; celle du monothéisme est plus bienfaisante et plus élevée, celle du polythéisme est peut-être plus énergique par suite des concessions qu'il fait aux passions et aux instincts mauvais.

Le polythéisme mérite donc d'être étudié, il ne mérite, dans son ensemble, ni le dédain, ni la haine. Si ses fables sont absurdes, son action est réelle ; elle n'est point non plus toujours funeste et immorale. Le polythéisme n'est pas le mal absolu ; il est le bien mêlé au mal.

C'est peut-être même à cause de cette infériorité morale et rationnelle, que le polythéisme, doctrine moins élevée, est plus accessible à l'humanité et lui plaît davantage.

Le monothéisme, doctrine sublime, ne s'établit et surtout ne demeure sur la terre qu'avec peine ; nous ne serons pas étonnés de reconnaître, dans les religions où cette doctrine existera d'une manière permanente, une action surnaturelle.

Nous ne serons pas étonnés, quand nous aurons reconnu la hauteur de cette doctrine, que peu d'hommes soient parvenus à gravir ce sommet, et qu'aucune nation n'ait pu y planter sa tente et y habiter d'une manière permanente, si ce n'est celle que le Créateur lui-même a soutenue de sa main puissante.

Le Dieu du monothéisme est un Dieu transcendant devant lequel disparaissent tous les dieux païens. La doctrine monothéiste, considérée au simple point de vue des idées, est une doctrine transcendante, la seule qui soit logique et cohérente ; la seule doctrine religieuse qui puisse prétendre à être vraie.

QUATRIEME LEÇON (1)

DU SURNATUREL DANS LES CULTES NON CHRÉTIENS

Messieurs,

Dans la leçon de jeudi dernier, j'ai parlé du surnaturel en général. Je l'ai défini une modification du cours de la nature, produite par des agents libres supérieurs à l'homme. J'ai montré que les faits surnaturels sont possibles, que les objections *a priori* sont sans valeur, et que le principe de nos adversaires qui déclarent que la critique consiste à nier le surnaturel est un véritable postulat sans aucun fondement. J'ai montré qu'au contraire le véritable principe de la critique peut s'énoncer ainsi : Le surnaturel est possible mais il a la présomption contre lui, et il doit être discuté en tenant compte de cette présomption. Les allégations de faits surnaturels doivent être examinées d'une manière rigoureuse, et, lorsque l'on procède par induction, on ne doit jamais présumer qu'un fait est surnaturel.

J'ai appliqué ces principes aux faits surnaturels du christianisme, et j'en ai distingué deux classes. La première comprend les faits transcendants et de premier ordre qui se trouvent à l'origine de la religion. Ceux-ci par leur nature même sont rares ; par leur destination qui est précisément d'être la preuve d'une religion nouvelle, ils ne doivent pas se rencontrer fréquemment dans l'histoire.

Je les ai comparés à ces faits géologiques qui n'apparaissent qu'à de rares intervalles dans l'histoire du monde,

(1) Cette leçon, que nous ne pouvons dater, appartient, comme les précédentes, au cours d'Histoire des religions.

au moment du soulèvement des grandes montagnes. J'ai dit qu'on devait constater ces faits dans le passé, les chercher dans les documents historiques, mais qu'on ne devait pas espérer les voir se reproduire sous nos yeux, puisque leur nature même est de ne se rencontrer qu'à certaines époques. J'ai parlé ensuite d'une seconde classe de faits surnaturels, de faits de second ordre qui se produisent à toutes les époques, qui ont une certitude moins grande, qui ne pourraient pas servir à eux seuls de base à une religion, qui sont l'objet d'une croyance pieuse. J'ai dit que des faits de cet ordre-là pouvaient être constatés ; mais que les rationalistes se refusaient à essayer de juger expérimentalement de leur vérité.

Aujourd'hui j'arrive à une question plus délicate et plus difficile, à l'application de la notion du surnaturel aux cultes non chrétiens, ou plutôt aux fausses religions. Ici nous rencontrons une objection assez plausible et assez embarrassante au premier abord. Elle se présente sous la forme d'un dilemme ; on nous dit :

Ou bien vous rejetez *a priori* tous les faits surnaturels qui sont allégués en faveur des fausses religions, ou bien vous les acceptez.

Dans la première hypothèse, si vous les rejetez *a priori*, vous abandonnez votre méthode, vous revenez à la méthode de la critique rationaliste, vous déclarez d'avance que vous rejetez ces faits d'après leur nature intrinsèque sans examiner leurs preuves ; et comme vous ne rejetez pas de la même manière le surnaturel du christianisme, vous avez deux poids et deux mesures.

Si vous acceptez ces faits surnaturels, nous en tirerons deux conséquences contre vous. En premier lieu, par le fait que vous acceptez des faits surnaturels dans les fausses religions, vous perdez tout droit de vous servir des faits surnaturels pour établir la religion chrétienne. Il y a des miracles dans les religions qui ne sont pas divines, donc les miracles ne prouvent rien.

En second lieu nous tirerons de votre aveu une conséquence qui est très choquante aux yeux de certains esprits.

Si vous admettez des faits surnaturels dans de fausses religions, vous êtes obligés de les expliquer par l'intervention diabolique, par l'action des mauvais esprits ; par là même vous introduisez la magie, la sorcellerie, toutes les superstitions qui ont tant effrayé nos pères, qui ont produit tant de mal, qui ont fait verser tant de sang, et que nous ne voulons point accepter.

Cette objection a d'autant plus de force qu'il y a de nos jours beaucoup de personnes qui, à la rigueur, accepteraient certains faits surnaturels chrétiens, surtout les faits qui se sont accomplis dans le passé; ils accepteraient volontiers quelques miracles, pourvu que ce ne soit pas trop près de nous, mais des miracles présents c'est beaucoup, et des miracles du diable c'est beaucoup trop.

Voilà l'objection telle que l'énoncent nos adversaires. Pour y répondre, je commencerai par poser des principes; je traiterai la question au point de vue théorique, j'examinerai s'il est possible d'admettre des faits surnaturels dans plusieurs religions différentes l'une de l'autre et opposées l'une à l'autre; si cela est admissible aux yeux de la raison. Je verrai si, nonobstant cette existence de faits surnaturels dans diverses religions, il est possible de prouver la vraie religion.

Après avoir posé les principes, je passerai à l'application, ou plutôt à la méthode selon laquelle les principes doivent être appliqués; l'application complète ne pourrait se faire qu'en entrant dans le détail de l'histoire des diverses religions. J'examinerai comment les faits surnaturels allégués dans l'histoire doivent être traités non pas au point de vue de la critique rationaliste qui veut les rejeter entièrement, mais au point de vue d'une critique modérée, sensée et rationnelle, qui ne veut accepter que ce qui est acceptable. Il me sera facile de montrer alors que ce qu'il y a de surnaturel ou ce qu'il peut y avoir de surnaturel dans les religions autres que le christianisme, n'est presque rien et n'est pas comparable au surnaturel chrétien. J'aborderai enfin une dernière question, et j'essaierai de montrer que la croyance à des puissances mauvaises et à leur influence dans le monde, telle qu'elle est professée par l'Eglise catholique, n'entraîne nullement les conséquences que tant de gens redoutent relativement à la magie, à la sorcellerie.

I

Je commence par la question de la possibilité du surnaturel dans plusieurs religions. Peut-il y avoir de véritables miracles, de véritables faits surnaturels dans plusieurs religions différentes ? et d'abord peut-il y en avoir qui soient divins ?

Messieurs, au premier abord, cela paraît impossible ; et en effet il est impossible que Dieu atteste plusieurs choses contradictoires.

Du moment donc que des faits sont considérés comme des preuves d'une religion, qu'ils sont allégués à titre de preuve, qu'ils sont de nature à autoriser un culte faux, ils ne peuvent pas être attribués au vrai Dieu. Mais serait-il possible que dans une religion fausse des hommes qui sont de bonne foi, qui invoquent le Créateur sous un nom qui leur a été enseigné, et qui l'invoquent avec la confiance instinctive au cœur humain dans une protection divine, obtiennent un secours surnaturel ? Je ne crois pas que ce soit impossible, et il me semble que la croyance générale au surnaturel, aux effets de la prière, qui existe dans l'humanité pourrait très bien, pour les personnes de bonne foi, être ainsi récompensée même dans les cultes faux. Mais je conviens que les faits de ce genre n'entrent guère dans l'histoire ; ils ne peuvent que bien difficilement avoir un caractère public. Du moment que des faits surnaturels ont une publicité historique, ils doivent presque nécessairement être attachés à un système religieux, à une personne déterminée, servir de preuve à une doctrine. L'explication que nous venons d'indiquer, bien qu'elle ait une valeur réelle pour certains faits, est donc tout à fait insuffisante pour expliquer d'une manière générale le surnaturel des fausses religions. Il faut que nous examinions l'autre hypothèse, celle de faits surnaturels produits par des agents supérieurs à l'homme, mais inférieurs à Dieu et en révolte contre lui, en un mot, par des agents mauvais, par des démons.

Or, est-il possible de nier d'une manière absolue l'existence de tels agents ? La saine philosophie autorise-t-elle à déclarer d'avance que leur intervention dans le cours des événements est une chimère ?

Avant de traiter cette question d'une manière générale, permettez-moi de vous rappeler comment elle a été traitée dans les temps passés.

La controverse au sujet de l'existence et de la puissance des démons a été agitée peu de temps après la fondation du christianisme.

La thèse négative a été soutenue par un auteur païen qui peut être considéré comme le précurseur de Voltaire, qui a soulevé presque toutes les objections qui ont fait tant de bruit plus tard, par Celse. L'ouvrage de Celse a été perdu, mais nous le connaissons par les longues citations qu'en fait Origène, et rien n'est plus curieux que la ressemblance d'idées et de ton qui se rencontre entre ce vieux rationaliste païen et les incrédules de nos jours ; on croirait parfois, en le lisant, être en présence d'un article de journal écrit aujourd'hui même.

Voici comment il pose l'objection.

(1) « Ils embrassent, dit-il, en parlant des chrétiens, des erreurs pleines d'impiété, qu'il faut attribuer à la profonde ignorance où ils sont des énigmes divines. A les entendre, Dieu aurait un ennemi qu'ils nomment le diable, en hébreu Satan. Il n'appartient qu'à la faiblesse des mortels, ou plutôt c'est un sacrilège d'affirmer que le Dieu suprême est outragé par un rival dans le bien qu'il veut faire aux hommes... Le fils de Dieu serait donc vaincu par le diable. »

L'objection est fortement posée. Néanmoins il faut, pour bien comprendre la situation de Celse, se rappeler que la croyance à des puissances mauvaises était générale dans le paganisme. — Aussi Celse se croit-il obligé d'en expliquer l'origine ; c'est ce qu'il entend par l'explication des énigmes divines. — Voici comment il développe sa pensée :

« Les anciens ont parlé en termes obscurs et voilés d'une guerre divine. De ce nombre est Héraclite qui s'exprime ainsi : S'il faut soutenir qu'il existe une lutte et une antipathie entre tous les éléments, et que de cette discorde résulte une harmonie universelle : Phérécide, bien plus ancien qu'Héraclite, met en présence, dans une fable ingénieuse, deux armées ennemies dont l'une a pour chef Saturne, l'autre Ophionée. »

_____

(1) *Origène contre Celse*, livre VI, 5542.

La croyance à cette guerre divine est donc, suivant Celse, une fable, et fort probablement une fable figurant l'opposition entre les éléments physiques, entre le soleil et les ténèbres, entre le froid et le chaud. C'est une explication naturaliste, comme celles qui sont si souvent données de nos jours pour rendre raison des traditions primitives.

Voyons maintenant la réponse d'Origène.

Il commence par faire appel à la tradition, et déclarer que le récit de la tentation de l'homme par le démon sous la figure d'un serpent est consignée dans Moyse, beaucoup plus ancien qu'Héraclite. L'antiquité de Moyse est un des arguments le plus fréquemment employés par les Pères de l'Eglise. Suivant la chronologie vulgaire et incontestée de ce temps, Moyse était plus ancien que tous les héros et les écrivains grecs. Origène montre ensuite que la doctrine de Moyse sur l'origine du mal dans le monde, bien loin d'être un objet de raillerie, est au contraire profondément philosophique.

Puis répondant directement à l'objection fondamentale de Celse, que ce serait un sacrilège de penser que le Dieu suprême est entravé par un rival dans le bien qu'il veut faire aux hommes, il s'exprime ainsi :

« Dieu qui sait convertir en bien la méchanceté elle-même de ceux qui se sont éloignés de lui, a dû reléguer dans une partie de l'univers les êtres déchus afin que leur présence devînt comme une sorte d'arène pour tous ceux qui voudraient combattre légitimement et travailler à reconquérir la vertu. »

Les démons ne sont donc pas des rivaux du Dieu suprême, mais des créatures déchues par leur faute, et la liberté qui leur est laissée est destinée à exercer la vertu des bons sur la terre, et à être l'occasion pour ceux-ci d'un triomphe plus glorieux.

Vous voyez, Messieurs, que l'apologiste chrétien ne laisse sans réponse aucune des objections de son adversaire.

Voyons maintenant comment la question se pose de nos jours.

Au point de vue du simple fait de la croyance à des puissances mauvaises, et de l'origine de cette croyance, l'état de la controverse est le même. — La Bible, nonobstant les efforts des rationalistes, reste toujours le monument des plus anciennes traditions de la race de Sem, et conserve un caractère de raison et de simplicité qui la rend beaucoup plus croyable que les traditions parallèles. — De plus, sur la question qui nous occupe, ces traditions sont remarquablement conformes au texte sacré. Le serpent se retrouve partout, et les démons jouent un très grand rôle dans les anciennes traditions de la Perse et de la Chaldée. Ils apparaissent dans ces traditions comme de véritables esprits positivement malfaisants et non comme de simples personnifications des forces opposées de la nature. La thèse naturaliste, soutenue par certains auteurs, n'est donc nullement victorieuse.

Au point de vue rationnel, les raisons d'Origène ont conservé toute leur force. Il me semble qu'on peut les présenter d'une manière assez frappante en donnant à l'argumentation la forme suivante.

Il s'agit de savoir s'il peut exister des êtres créés, révoltés contre Dieu et ayant une action sur le cours des événements, et surtout si Dieu peut permettre une telle action.

Or, comment, en général, pouvons-nous juger de ce que Dieu peut ou ne peut pas faire, de ce qu'il doit ou ne doit pas permettre ?

Juger *à priori* des desseins de Dieu est très imprudent. C'est nous mettre à la place de la Sagesse Infinie.

Ce qui est raisonnable, c'est de juger de ce que Dieu peut faire par ce qu'il fait.

Or, Dieu permet, sous nos yeux, une lutte entre le bien et le mal. — Il permet que des créatures révoltées entravent réellement le bien qu'il veut faire aux hommes. Il permet que sur la terre les méchants séduisent les bons. Il le permet dans une mesure qui nous frappe de stupeur, dans une proportion qui nous épouvante.

Si Dieu permet cette influence du mal, il a ses raisons que nous ignorons. Les mêmes raisons ne peuvent-elles pas expliquer la permission de nuire accordée aux démons ? — Si Dieu laisse agir les séducteurs visibles, pourquoi serait-il forcé d'arrêter l'action des séducteurs invisibles ? Pourquoi le champ de la lutte du bien et du mal ne serait-il pas plus étendu que ce que nous voyons ici-bas ?

De quel droit voudrait-on contredire, sur ce point, la tradition biblique, appuyée par une très grande partie de la tradition profane ?

Cet argument nous paraît sans réplique. Il est fondé sur des faits, le fait de la croyance très ancienne aux puissances mauvaises, et le fait de la lutte visible du bien et du mal sur la terre.

Il ne prouve sans doute pas l'existence réelle de cette action mauvaise. Il prouve seulement sa possibilité. Il ne permet pas de la rejeter *à priori*.

Mais si cette action est possible, rien n'empêche encore qu'elle ne s'exerce sous la forme de phénomènes surnaturels.

Rien n'empêche donc qu'il y ait des faits surnaturels, œuvre d'un esprit d'erreur et servant d'appui à de fausses religions. Rien ne permet de rejeter ces faits sans examen préalable.

Nous admettrons donc que toutes les allégations de faits surnaturels, aussi bien dans le paganisme que dans le christianisme, méritent d'être examinés.

Mais ici se présente la seconde branche de l'objection de nos adversaires. — S'il peut exister des miracles en faveur d'une fausse religion, comment ces miracles servent-ils de preuves à la vraie religion ? — Il faut que nous répondions à cette fin de non-recevoir, assez plausible en apparence, contre les preuves surnaturelles de la vraie religion.

II

Vous ne serez point étonnés, Messieurs, d'apprendre que Celse a déjà exposé cet argument contre la vérité du christianisme. Aussi, cette fois encore, nous allons laisser parler les deux controversistes du IIᵉ siècle de l'ère chrétienne.

Ecoutons d'abord Celse. A l'occasion des prédictions de l'Evangile relatives aux miracles de l'Antéchrist et aux faux prophètes, Celse s'écrie :

(1) « O lumière ! O vérité ! Il vous a déclaré lui-même, comme l'attestent vos propres livres, qu'un jour d'autres hommes viendront à vous, opérant les mêmes prodiges,

(1) *Origène contre Celse.* Livre II. 5540.

malgré leur perversité et leur imposture. Il y a plus ; il parle d'un certain Satan, habile à contrefaire les miracles, il avoue par là que ses œuvres n'ont aucun caractère de divinité, et qu'elles sont l'apanage des méchants. La force de la vérité l'accable, et en découvrant les ruses des autres, il a porté la lumière sur les siennes.

« *Que les mêmes choses servent à caractériser le Dieu et d'autre part à signaler l'imposteur, n'est-ce pas un argument qui fait pitié?* Pourquoi, lorsqu'ils invoquent la même preuve, prendrai-je les uns pour des scélérats, et l'autre pour un Dieu, surtout quand il a rendu témoignage contre lui-même? Ne déclare-t-il pas sans détour que tous ces prodiges, au lieu d'être les témoignages de la nature divine, sont les indices de la scélératesse et de l'imposture? »

Celse, dans un autre passage, revient sur la même idée.

(1) « Le Fils de Dieu, dit-il, nous avertit que Satan doit paraître à son tour dans le monde, qu'il y opérera de grandes et surprenantes merveilles, et qu'il usurpera la gloire de Dieu, mais que quiconque veut repousser l'ennemi devra se tenir en garde contre ses prodiges, et ne croire qu'à lui seul. A ces paroles il est facile de reconnaître un imposteur qui prend d'avance toutes les précautions pour discréditer ceux qui voudraient prêcher une autre doctrine et attirer à eux la multitude. »

Ne dirait-on pas, Messieurs, que ces choses ont été écrites hier? N'est-ce pas la logique de Rousseau? N'est-ce pas le ton méprisant et sarcastique de certains rationalistes d'aujourd'hui, n'est-ce pas leur interprétation malveillante supposant partout l'imposture et la ruse?

Les objections de Celse ne sont cependant pas invincibles ; elles n'ont pas arrêté le triomphe du christianisme, et celles de ses successeurs et héritiers ne seront pas la cause de sa ruine. Voyons comment répond le docteur chrétien.

Après quelques arguments *ad hominem*, après avoir montré que Celse a mal cité l'Evangile, il en vient au fond de la question et commence par résoudre habilement le sophisme de son adversaire.

(1) *Origène contre Celse.* Livre II, 5142.

« Il renferme, dit-il, sous un même genre des choses d'un genre fort différent. Le loup et le chien, la colombe et le ramier ne sont pas de la même espèce, quoique leur corps et leur voix paraissent offrir quelque ressemblance. De même les œuvres de la puissance divine sont de telle nature qu'elles repoussent toute comparaison avec les artifices de l'imposture. »

Puis s'appuyant sur la croyance universelle qui existait alors dans les faits surnaturels et dans la magie, il raisonne ainsi :

« Quoi donc, les mauvais démons feraient par leur prestige des choses extraordinaires, et la nature divine ne pourrait opérer aucun miracle ! La vie des hommes serait assiégée par tous les maux, et elle ne pourrait recevoir aucun bien ! Il me semble qu'on peut établir cette maxime générale : Partout où se rencontre le mal déguisé sous l'apparence du bien, il faut nécessairement que le bien s'y trouve en opposition avec le mal. Ainsi, puisque certains événements sont le produit de la magie, il faut nécessairement, la nécessité veut que d'autres dans la vie soient l'effet de la nature divine. L'un est la conséquence de l'autre. »

Cet argument ne manque pas d'une certaine force, et nous pouvons le reprendre en l'appliquant non plus à la magie, mais à la croyance générale au surnaturel. Puisque les hommes croient si souvent et si aisément à un surnaturel fictif et mensonger, ne faut-il pas qu'il y ait quelque part un surnaturel vrai ? Peut-il y avoir dans la nature humaine un instinct constamment mensonger ? L'illusion ne suppose-t-elle pas la vérité, l'accident ne suppose t-il pas la règle ? La fausse monnaie, par son existence seule, ne prouve-t-elle pas que la vraie monnaie existe ?

Néanmoins l'objection n'est pas encore pleinement résolue. Il peut y avoir des miracles diaboliques et des miracle divins ; ils sont d'espèce différente et ne peuvent être confondus, mais à quels signes les distinguera-t-on ? Origène va nous le dire.

« Si de l'existence même de la magie et de l'enchantement, exercés par les mauvais anges qui, charmés par ces invocations curieuses, prêtent leurs illusions aux magiciens et aux enchanteurs, il résulte nécessairement que la vertu divine opère aussi dans ce monde ses miracles, que nous reste-t-il à faire, sinon à examiner attentivement la vie et les mœurs de ceux qui nous promettent des choses extraordinaires ? Quelles sont les conséquences de leurs prodiges ? Sont-ils pernicieux pour les hommes ? Ont-ils pour but de réformer les mœurs ? Quel est celui qui, ministre des démons, éblouit les yeux par des sortilèges et des prestiges ? Quel est celui au contraire qui, placé dans un lieu saint et pur, qui recevant l'Esprit-Saint dans son âme, dans son esprit, et j'imagine aussi dans son corps, opère des prodiges pour l'utilité des hommes, et afin de les porter à croire au Dieu véritable ? Voilà ce qu'il faut considérer. Maintenant, si laissant de côté toute opinion formée d'avance sur la question des miracles, il est nécessaire de s'enquérir s'ils partent d'une intention bonne ou mauvaise, n'est-il pas évident que les miracles de Jésus, attestent la vertu divine et ont été opérés par ceux auxquels l'Écriture les attribue ? Comment les prestiges et les sortilèges de la magie seraient ils parvenus à fonder une nation qui, peu contente de fouler aux pieds les simulacres des faux dieux qu'adoraient les peuples, et dédaignant tout ce qui est créé, s'élève généreusement jusqu'à Dieu, principe éternel de toutes choses ? »

Ici, Messieurs, Origène triomphe, et rien ne subsiste plus de l'objection. On ne peut plus dire que les mêmes choses servent à *caractériser le Dieu* et à *signaler l'imposteur*. Pour caractériser le Dieu, il faut le miracle sans doute, mais le miracle fait par un homme saint et vertueux, venant à l'appui d'une doctrine élevée et pure, et ayant pour résultat la formation d'une grande société religieuse professant cette doctrine.

Supprimez une de ces trois conditions, et le miracle pourra être attribué à un esprit menteur. Mais quand elles sont réunies, il n'y a plus de doute possible, c'est Dieu qui est l'auteur de la merveille qui s'est opérée.

Rousseau, il est vrai, reprendra, avec sa dialectique sophistique, l'argumentation de Celse. — Vous discernez, dit-il, le miracle par la doctrine, et vous prouvez la doctrine par le miracle. Vous tournez dans un cercle.

Notre réponse est bien simple. — Nous ne tournons pas ans un cercle parce que nous ne séparons pas la doctrine du miracle pour les appuyer l'un sur l'autre. Nous les considérons ensemble dans leur union, et ainsi réunis, ils deviennent un signe de la parole divine.

Nous ne pouvons pas sans la doctrine juger si le miracle est divin ; il pourrait être diabolique, mais il serait toujours un miracle, une exception à l'ordre de la nature.

Nous ne pouvons pas, sans le miracle, juger d'une manière certaine que la doctrine est surnaturelle et révélée de Dieu, mais nous pouvons juger si elle est élevée, morale, conforme à la raison et apte à perfectionner l'homme.

Séparé d'une doctrine pure, le miracle ne serait plus qu'un prestige, qui pourrait être attribué à un mauvais esprit.

Séparée de tous faits miraculeux, la doctrine, quelque belle qu'elle fût en elle-même, pourrait être considérée comme l'œuvre du génie de l'homme.

Mais l'union du miracle et de la beauté de la doctrine peut devenir un signe infaillible de la parole divine.

Origène du reste ne se borne pas à réunir le miracle et la doctrine ensemble. Il donne comme critérium de la vraie religion quatre signes réunis :

La vie et les vertus du thaumaturge.

Les miracles.

La beauté de la doctrine.

L'œuvre qui est le résultat des miracles, c'est-à-dire la fondation d'une société religieuse professant cette doctrine élevée et pure.

Enfin il indique le trait principal de cette doctrine supérieure à toutes les autres, trait que la raison peut discerner et approuver aisément, mais dont la conservation pratique et populaire est un miracle.

Ce trait spécial de la vraie religion, c'est l'idée du Dieu suprême et créateur, c'est le monothéisme.

La réponse d'Origène est donc pleinement satisfaisante ; mais chose remarquable, l'apologiste ne répond pas seulement à l'objection ; il trace encore à grands traits tout un plan d'apologétique, le plan même que nous avons adopté dans ce livre, et dont nous avons exposé le sommaire dans notre première leçon.

L'existence des deux grandes sociétés religieuses fondées par Moyse et par Jésus-Christ est elle-même un miracle de l'ordre psychologique et social. Ce miracle s'appuie sur les miracles de l'ordre physique et leur donne leur véritable signification.

Reprenons encore sous une forme nouvelle cette capitale démonstration.

Notre-Seigneur lui-même dans l'Evangile appelle les miracles des signes. — Ce sont sans doute des choses étonnantes, mais en même temps ce sont des signes.

Un signe, c'est un mot : les miracles sont le langage dont Dieu se sert pour parler aux hommes.

Seulement il faut que nous sachions si ce langage est authentique. Or, nous avons pour cela divers moyens.

Il y a des signes qui, par leur nature même, sont restreints à certaines significations. — Il y a des miracles qui sont aptes à représenter l'action d'un Dieu juste et bon, tels sont les miracles de l'Evangile. Il y en a d'autres au contraire qui semblent, par leur nature même, le signe d'un esprit d'erreur, ou d'une cause de désordre. Origène nous cite certains prestiges des magiciens égyptiens qui faisaient apparaître, devant les yeux de leurs adeptes, des tables chargées de plats, et qui les faisaient disparaître de même. Un tel prodige n'a rien de divin.

Ce premier caractère peut servir à écarter un grand nombre de faits surnaturels magiques. Il ne suffit pas cependant, car l'esprit mauvais pourrait imiter dans une certaine mesure les œuvres d'un Dieu bon.

Un second moyen d'élimination pourra être tiré de la personne du thaumaturge ou de la doctrine qu'il enseigne. L'imposture et la malice doivent ce semble se trahir d'une manière quelconque.

Néanmoins, il est un caractère plus frappant encore, et cette fois infaillible. C'est celui qui résulte, non de chaque fait surnaturel en particulier, mais de leur ensemble.

Nous avons comparé les miracles à des mots du langage divin, mais les mots ne sont pas destinés à être isolés, ils doivent former des phrases : le sens de chaque mot résulte de l'accord des différents mots de la phrase. Les miracles seront donc divins lorsque leur ensemble, lorsque la série qu'ils forment sera divine elle-même.

Dans la vraie religion révélée par Dieu, il y a une série transcendante de miracles, une série de miracles de divers ordres, moraux et physiques, qui forment comme un seul tout, qui sont unis ensemble comme les pierres d'un édifice. Cette série transcendante ne se trouve nulle part ailleurs. Les vertus de Notre-Seigneur racontées par l'Evangile, miraculeuses par elles-mêmes ; sa vie, sa Passion, sa résurrection, la vie des apôtres, leurs vertus, la conversion de l'empire romain, le témoignage des martyrs, forment déjà un ensemble surprenant et admirable. Si de plus nous voyons comme insérés dans cet ensemble les miracles de l'Evangile, appui de la foi des apôtres ; si nous considérons ces faits surnaturels extérieurs qui attestent au dehors cette divinité du Sauveur, laquelle reluit déjà dans les traits de son visage et apparaît dans ses paroles : en présence de toutes ces merveilles réunies, un homme de bonne foi doit s'écrier comme les magiciens de Pharaon. *Digitus Dei est hic* (1). Le doigt de Dieu est là.

Ce caractère unique qui résulte non d'un seul miracle particulier, mais de l'ensemble des miracles de la vraie religion, est inimitable ; il n'y a aucune série de miracles qui ressemble à celle-là. Les miracles du paganisme, y en eût-il de réels et d'indubitables, ne sauraient pas plus être comparés à ce mystérieux ensemble, que quelques pierres isolées ne peuvent être mises en parallèle avec un édifice tout construit.

Ainsi, vous le voyez, notre situation est logiquement irréprochable. Nous n'avons aucune difficulté à admettre qu'il peut exister des miracles dans les fausses religions. Si nous rencontrons des faits de ce genre et qu'ils soient certains, leur explication par l'action d'esprits menteurs est parfaitement logique et acceptable.

Nous n'aurons donc, quand nous étudierons une religion que nous savons être fausse, aucun parti pris relativement au caractère surnaturel des faits que leur histoire peut contenir. Si nous rejetons ces faits, ce ne sera pas à cause de leur nature intrinsèque, ce sera parce qu'ils ne seront pas prouvés.

En même temps, nous ne courrons aucun risque de

_____

(1) *Exod.*, VIII, 19.

voir affaiblir par de tels faits les véritables preuves de la religion chrétienne. Le caractère de cette religion, c'est une série transcendante de faits surnaturels de premier ordre, unis par une seule pensée et destinés à appuyer une doctrine sublime et digne de Dieu.

Ce dernier caractère, résultat de l'ensemble des miracles, n'appartient qu'à la vraie religion. En fait, aucune autre ne le lui dispute ; en droit, cela est impossible. Jamais un esprit de mensonge ne pourrait réaliser une œuvre pareille, et si par sa puissance naturelle il était capable de le faire, le vrai Dieu serait pour ainsi dire tenu de l'empêcher.

Tel est le vrai sens de l'explication d'Origène. Au point de vue théorique, elle est pleinement satisfaisante. Voyons maintenant comment peut se faire l'application pratique de ces principes.

III

Nous ne rejetons *a priori* aucun des faits surnaturels, mais nous leur appliquons à tous la règle énoncée dans notre dernière leçon, et qui consiste à admettre que ces faits ont la présomption contre eux. Cette règle résulte de leur essence même. — Par leur nature ils sont des exceptions ; ils demeurent des exceptions, lors même qu'ils se multiplient ; — la croyance à ces faits ne contredit nullement la croyance aux lois de la nature ; le recours à la prière, même à celle qui demande et espère des miracles, n'empêche pas le recours à la médecine et aux moyens humains de salut et de guérison.

L'application sage et mesurée de ce principe nous permettra de rayer de l'histoire un très grand nombre d'allégations de faits surnaturels.

Nous ne devons, en effet, admettre comme tels que ceux qui seront appuyés sur des preuves assez certaines pour triompher de cette présomption contraire.

Nous devrons en conséquence écarter les faits explicables par le mythe ou la légende, les faits explicables par l'imposture ou par l'illusion. L'hypothèse du mythe, celles de la légende, de l'imposture et de l'illusion, sont quatre moyens généraux de réduction des allégations des faits surnaturels contenus dans l'histoire ; ce sont comme quatre réactifs à l'action desquels les vrais miracles doivent résister.

L'explication par le mythe, c'est la négation entière du fait affirmé. C'est la supposition que ce fait tout entier n'a jamais existé ; que le récit qui en a été fait ne l'a été que postérieurement et est, quant à la réalité du fait, absolument mensonger. L'explication par le mythe est en grande faveur aujourd'hui en ce qui concerne les origines du paganisme. — La plupart des héros célébrés par la poésie grecque sont considérés comme des personnifications du soleil.

L'explication par la légende consiste à conserver les faits allégués dans leur substance, mais à admettre qu'ils ont été transformés par l'imagination populaire, et que leur caractère surnaturel a été postérieurement ajouté et n'est pas réel. L'explication du polythéisme antique par une légende greffée sur des faits réels a été populaire à certaines époques ; elle a été soutenue par un rationaliste païen de l'école d'Epicure, nommé Évhémère. Selon cette doctrine qui a pris de son auteur le nom d'évhémérisme, les dieux païens seraient tous des hommes divinisés après leur mort, et tous les faits surnaturels qui leurs sont attribués seraient des additions de la légende.

Ces deux explications par le mythe et la légende échouent à l'égard des faits sur lesquels nous possédons des témoignages contemporains. Il faut un certain temps pour cette transformation de la vérité par l'effet de l'imagination.

Mais à l'égard des faits attestés par des témoignages contemporains, il y a deux autres moyens de réduction très puissants. Ce sont l'hypothèse de l'illusion et celle de l'imposture.

L'illusion peut se rencontrer très souvent dans la croyance au surnaturel. Les limites de l'ordre des lois physiques sont souvent douteuses ; la foi porte naturellement à croire que les prières sont exaucées ; la crédulité humaine est très grande. L'imposture est aussi très fréquente. L'Eglise catholique, avec son organisation hiérarchique, est obligée de soutenir une lutte constante contre la tendance à admettre des faits surnaturels illusoires, et en même temps contre les manœuvres frauduleuses destinées à exploiter, dans un intérêt privé, la croyance aux miracles. Il n'est pas d'année où il n'y ait un certain nombre de faits de l'une ou l'autre espèce qui doivent être réprimés par l'autorité. Là où une pareille autorité n'existait pas, comme au temps du paganisme, l'imposture et l'illusion devaient se donner libre carrière.

Il faudra donc, avant qu'un fait surnaturel soit admis comme réel, comme une véritable exception au cours régulier de la nature, que ce fait ait traversé les quatre cribles du mythe, de la légende, de l'imposture et de l'illusion.

Si le fait n'est explicable d'aucune de ces quatre manières, s'il subit victorieusement ces quatre épreuves, devrons-nous le considérer immédiatement comme un miracle divin ?

Nullement. Il faudra alors que nous lui appliquions les différents critériums dont nous avons parlé plus haut et dont les principaux ont été indiqués par Origène. Il faudra que nous examinions le caractère du thaumaturge, la nature de la doctrine en faveur de laquelle le miracle est accompli. Il faudra en dernier lieu que nous examinions si le fait est isolé, ou s'il rentre dans une série transcendante de faits surnaturels, reliés par une pensée commune, et dans laquelle tout indique une véritable action divine.

Notre méthode ne consiste donc pas à accepter sans examen toute espèce de faits surnaturels. Elle ne consiste pas non plus à discerner uniquement les faits d'après la doctrine au nom de laquelle ils ont été accomplis. La doctrine est un des éléments de notre jugement, mais elle n'est pas le seul.

Notre méthode consiste à juger impartialement et prudemment des allégations de faits surnaturels, à ne les admettre qu'à bon escient, et après avoir épuisé les explications naturelles, après avoir écarté même l'explication par une puissance mauvaise, après être arrivé à la conviction que Dieu seul peut en être l'auteur.

Il est bien plus simple, sans doute, de supposer d'avance que les miracles sont impossibles, de rayer tout d'un trait les faits surnaturels et de les faire disparaître de l'histoire ! Cela est plus simple et plus facile. Mais cela est-il vrai, cela est-il scientifique, cela est-il impartial ?

Nous avons répondu à cette question dans notre dernière leçon.

Quel sera le résultat de l'application de cette méthode impartiale à l'histoire générale des religions de l'univers ?

Nous ne pouvons donner en ce moment à cette question une réponse complète. Nous pouvons cependant indiquer quelques résultats généraux qui ne peuvent être que bien difficilement contestés.

Si nous considérons d'abord les faits surnaturels allégués en faveur des cultes non chrétiens, nous remarquerons que la plupart se résolvent, d'un commun aveu, en pures légendes, en fables sans aucune valeur historique.

Les dieux du paganisme peuvent tout aussi bien être des héros divinisés après leur mort, ou des mythes solaires personnifiés. On peut choisir entre l'explication du mythe et celle de la légende ; l'une et l'autre sont également suffisantes pour expliquer les faits qui se rapportent à ces personnages ; aucun de ces faits n'a un caractère historique ; il est impossible d'essayer de les démontrer.

Il en est de même des faits surnaturels qui sont censés accompagner la fondation des autres grandes religions du monde, sauf la religion juive et la religion chrétienne.

La vie et les œuvres de Zoroastre se perdent entièrement dans les nuages de l'époque antéhistorique.

Le Bouddha a existé, bien que certains indianistes aient été jusqu'à voir dans ce réformateur religieux un personnage mythique. Mais la vie tout entière du Bouddha, et en particulier la partie surnaturelle de cette vie, est un tissu de fables dont personne n'oserait soutenir la vérité. Tous les documents que nous possédons sur le Bouddha sont de deux ou trois siècles postérieurs à sa mort. Or, deux siècles sont plus que suffisants pour la formation d'une légende, surtout dans l'Inde. Qui d'ailleurs voudrait discuter la réalité de miracles analogues à ceux-ci ? « Bouddha s'élevait en l'air dans quatre positions, assis, debout, couché, marchant. Il faisait sortir de l'eau de son front et du feu de ses pieds ; puis, par une sorte de changement de décors, l'eau sortait de ses pieds et le feu de son front. Il s'asseyait sur un lotus, lui faisait pousser des branches. Sur chaque branche paraissait un nouveau Bouddha et l'arbre s'élevait jusqu'au ciel. »

Tous ces faits sont évidemment des fruits de l'imagination des Bouddhistes postérieurs ; on aurait honte de les nommer à côté des miracles de l'Evangile.

Mahomet, nous disent les auteurs contemporains, n'a pas dû, n'a pas voulu faire de miracles. La même donnée historique se maintient pendant le premier siècle qui a suivi sa mort. Plus tard, nous voyons se former autour de son nom toute une légende analogue à celle du Bouddha. — Il a fendu la lune en deux à la vue de tout le monde ; chaque fois qu'il marchait à côté d'une personne, Mahomet, quoique d'une taille moyenne, paraissait la dépasser de la tête. Son visage était resplendissant de lumière ; les animaux lui rendaient hommage ; un jour même, un chevreau rôti lu i adressa la parole.

C'est un fait bien remarquable que la seule religion en dehors du judaïsme et du christianisme qui soit née en pleine histoire, nous montre si clairement la naissance des légendes. Le judaïsme et le christianisme, dont l'origine est également historique, sont seuls en possession de faits miraculeux attestés par des contemporains.

Tout n'est pas légendaire cependant dans les miracles allégués en faveur des cultes non chrétiens. Il y a aussi, non pas à l'origine, mais dans le cours de la durée de ces religions, des faits attestés par des contemporains. Nous pourrions citer les ex-voto trouvés récemment dans certains lieux de pèlerinage païens ; ces objets doivent avoir été fabriqués par des contemporains qui croyaient à une intervention surnaturelle. Les oracles de Delphes et de Thèbes ont existé et ont prononcé quelques-unes de ces prédictions énigmatiques que rapporte Hérodote, qui sont, il faut le dire, de bien faibles preuves d'une cause surnaturelle quelconque.

Nous lisons dans Tacite un récit assez étrange d'un miracle fait par Vespasien. Permettez-moi de vous le citer tout entier, car il peut nous donner une idée exacte de l'état d'esprit des païens de cette époque au sujet des faits surnaturels.

« Pendant que Vespasien attendait, dans Alexandrie, les jours où les vents d'été soufflent régulièrement et assurent la route des mers, bien des prodiges éclatèrent qui prouvèrent la faveur du ciel et comme une sorte de prédilection des dieux pour lui. Un homme du peuple d'Alexandrie, connu pour être privé de la vue, vint se précipiter à ses genoux, et le supplia, avec des gémissements, de le guérir de sa cécité ; il obéissait aux avertissements du dieu Sérapis, que ce peuple, fort adonné aux superstitions, vénère plus qu'aucune autre divinité, et il priait l'empereur de daigner humecter de sa salive ses joues et l'orbite de ses yeux. Un autre, sur l'avis du même dieu, le conjurait de fouler aux pieds la main dont il était perclus, et d'y marquer le pas de César. Vespasien d'abord se prend à rire et à se moquer ; leurs instances redoublent. Tantôt il redoute qu'on le taxe de présomption, tantôt leurs obsessions et les paroles des flatteurs le portent à quelque espoir ; enfin il ordonne aux médecins d'examiner si la guérison d'une telle cécité, d'une telle paralysie, n'est pas au-dessus de l'art humain. Les médecins en jugèrent diversement : chez l'un, dirent-ils, la faculté de voir n'est pas éteinte, et elle reviendra si l'obstacle est levé ; chez l'autre, le membre, sorti de son articulation, pourrait être remis par une force salutaire. Peut-être les dieux veulent-ils ce prodige, et ils choisissent le prince pour ce divin ministère. Enfin sa guérison opérée sera toute à la gloire de César, le ridicule du non succès à ces misérables. Ainsi donc, Vespasien, persuadé que toutes les voies de succès sont ouvertes à sa fortune, et que désormais il doit tout croire, d'un air heureux au milieu de la multitude attentive qui l'entoure, exécute ce qu'on lui demande. Aussitôt la main recouvre son usage, et le jour brille pour l'aveugle. — *Des personnes qui furent présentes racontent encore aujourd'hui ces deux faits, bien que maintenant le mensonge fût pour elles sans nul prix* » (1).

Voilà un fait précis, raconté par un contemporain, témoin grave, désintéressé, qui cite ses autorités. Il s'agit sans doute d'un miracle de second ordre ; on trouve dans l'histoire du christianisme à toutes les

(1) TACITE, *Histor.* IV, 81.

époques des faits à peu près semblables ; mais nous ne pouvons nier que le témoignage de Tacite ne soit sérieux. Ce qui est cependant suspect, c'est cet examen médical destiné à constater que la guérison n'est pas trop difficile.

Un témoignage plus puissant encore en faveur des miracles païens est celui des chrétiens. Les docteurs de l'Eglise parlent très souvent des prestiges faits, selon eux, par les démons, en faveur du culte des idoles, comme d'une réalité. Origène, vous l'avez vu, ne conteste pas les faits, il les explique par l'intervention diabolique.

La même opinion existe encore de nos jours chez les missionnaires chrétiens qui se trouvent en contact avec les religious païennes. Un grand nombre d'entre eux attestent qu'ils ne peuvent expliquer certains faits qu'ils ont vus que par une action vraiment surnaturelle d'une puissance mauvaise.

Néanmoins, le départ entre ce qui peut résulter de l'illusion, ce qui peut être produit par un pur charlatanisme humain, et ce qui serait réellement surnaturle et produit par une puissance invisible, est très diffidile à faire. L'examen des faits passés ou de ceux qui se sont accomplis au loin n'est pas aisé ; le peu de développement des sciences rend la limite entre les faits naturels et les miracles difficile à établir. Les anciens ont pu considérer comme miraculeux ce chant de la statue de Memnon dont nous connaissons maintenant l'explication physique.

Il est donc difficile de démêler la part du surnaturel réel qui peut se trouver dans les cultes païens. Mais cela n'est nullement nécessaire, car s'il y a dans ces religions des faits surnaturels, ce ne sont pas des faits surnaturels, divins ; ils n'ont aucun rapport avec les miracles qui servent de preuves à la vraie religion.

Ces faits, en effet, viennent le plus souvent à l'appui de doctrines absurdes, ils n'ont rien d'élevé ni de moral, rien qui puisse perfectionner l'humanité, ils sont d'ailleurs isolés et sans importance par eux-mêmes. Ils n'ont rien de comparable à la série transcendante des faits surnaturels unis entre eux par une pensée commune, qui est, comme nous l'avons dit, la marque inimitable d'une parole divine.

Aussi personne n'oserait dire que ces faits surnaturels soient assez puissants pour pousser une personne raisonnable à adopter le culte de Jupiter ou de Sérapis. On dit seulement que ces faits, par leur comparaison, affaiblissent l'autorité des faits chrétiens. Il est facile de voir qu'il n'en est rien.

Si nous considérons le christianisme, en effet, nous trouvnns dans l'Evangile une série de faits d'un ordre tout différent.

Les miracles de l'Evangile triomphent victorieusement des quatre moyens de réduction que nous avons énumérés. Ils ne sont ni des mythes, ni des légendes, ni des effets de l'illusion ou de l'imposture.

Les quatre explications, séparées ou réunies, ont été essayées depuis longtemps contre l'Evangile par les rationalistes, et n'ont pas réussi. Strauss a soutenu le mythe, et son système a dû être abandonné parce que l'époque où est né le christianisme n'est pas une époque mythologique, et que les documents qui racontent son établissement ne peuvent être placés qu'à une époque très rapprochée des faits.

La légende a été essayée également ; on a supposé que les faits surnaturels avaient été ajoutés après coup par l'imagination populaire. Mais le texte évangélique lui-même, par sa simplicité, par sa continuité, par le lien étroit qui existe entre la vie de Jésus-Christ, sa doctrine et ses miracles, proteste contre une pareille explication. Nous avons d'ailleurs une contre-épreuve. Les Evangiles apocryphes nous montrent précisément la légende qui s'est formée sur Jésus-Christ, légende très analogue à celles qui se sont formées autour des noms de Zoroastre, de Bouddha et de Mahomet, mais toute différente du récit divin et miraculeux et en même temps parfaitement cohérent et sensé de l'Evangile.

Restent l'imposture et l'illusion. Mais ces moyens d'exclure le surnaturel, tant de fois essayés, sont également inefficaces. Le caractère des apôtres, tracé dans l'Evangile d'une manière si vraie et si vivante, se refuse à l'une et à l'autre hypothèse.

Ce ne sont ni des enthousiastes ou des fanatiques, ni des hypocrites ou des menteurs. Ce sont des gens simples, grossiers au commencement, tardifs à croire ; puis ce sont des témoins qui souffrent les plus cruelles humiliations et la mort pour soutenir une conviction lentement formée.

Les faits évangéliques, avec leur précision, leur netteté, leur caractère d'évidence quelquefois tangible, résistent également à toute hypothèse d'illusion, et rendraient l'imposture, s'il fallait la supposer, si grossière qu'elle serait absolument invraisemblable.

Le surnaturel d'ailleurs apparaîtrait sous une autre forme, car comment des fanatiques ou des imposteurs auraient-ils composé ou même fourni le thème d'un livre comme l'Évangile ?

Il n'entre pas dans mon plan de continuer cette discussion. Je me contente de dire que nous sommes en possession de faits surnaturels réels, qui échappent à toutes les causes de doute que nous trouvons en général dans ces sortes de faits.

Maintenant, quel est le caractère moral de ces faits ? Ne sont-ils pas accomplis par un homme dont la sagesse et la bonté dépassent tout ce que l'humanité a pu imaginer ; par un homme qui porte en lui-même tous les caractères de la perfection divine ; n'ont-ils pas pour but de fonder une doctrine sublime à laquelle aucune autre ne peut être comparée ? N'ont-ils pas eu pour résultat la fondation de la société chrétienne ? — Enfin, ne forment-ils pas par eux-mêmes, et dans leur union avec ce qui les suit et les précède, une série transcendante de faits surnaturels reliés par une pensée unique ?

Nous avons donc, dans les faits surnaturels de l'Évangile, un signe évident de la parole divine. Tandis que dans le paganisme nous ne trouvions qu'incertitude et doute, nous rencontrons ici la pleine lumière de la vérité, et l'accord de tous les caractères qui conviennent à une parole du vrai Dieu.

Tel est le résultat de l'application de notre méthode. Nous arrivons sans opinion préconçue, avec une absolue impartialité, à constater la profonde différence qui existe entre le surnaturel païen et le surnaturel de l'Évangile, le premier pouvant quelquefois paraître surprenant, mais n'ayant rien de divin, le second au contraire étant transcendant et présentant à première vue le caractère d'une œuvre et d'une parole divine.

Observons que, pour constater cette différence, il n'est

pas besoin d'avoir établi d'une manière complète, et justifié contre toutes les réponses, le surnaturel évangélique. — Il suffit pour lever entièrement l'objection de nos adversaires qu'il y ait entre les miracles du paganisme et ceux de l'Evangile une différence assez grande pour que l'assimilation soit impossible.

Or, cette différence est évidente. Lors même qu'on arriverait à donner des miracles de l'Evangile une explication humaine, on ne le pourrait que par des hypothèses compliquées et forcées, on serait obligé de contrôler des témoignages très plausibles. Aucune théorie de ce genre n'est nécessaire pour les miracles païens ; la simple application des règles ordinaires les réduit au néant. Le peu de faits qui résisteraient aux quatre moyens de réduction que nous avons exposés seraient isolés et n'auraient rien de divin ; ils pourraient être attribués à un esprit menteur.

Le surnaturel païen et le surnaturel de l'Evangile sont donc deux ordres de faits tout différents l'un de l'autre, différents comme le loup du chien et la colombe du ramier, suivant la comparaison d'Origène.

L'explication des faits du premier ordre ne convient pas à ceux du second. L'existence des uns ne diminue nullement la valeur probante des autres. La discussion de la valeur et de la vérité des faits évangéliques est tout à fait indépendante de ce qu'il pourrait y avoir de réel dans le surnaturel des autres cultes.

Il ne nous reste plus qu'à répondre à la troisième objection, celle qui se tire des conséquences funestes qui, aux yeux de certaines personnes, résultent de la croyance au surnaturel diabolique.

IV

Nous avons admis la possibilité de faits surnaturels ayant pour auteurs des esprits mauvais. C'est la possibilité de tels faits qui, en rendant explicable l'existence de miracles dans diverses religions, nous permet de ne rejeter *a priori* aucune allégation de faits surnaturels, et d'appliquer aux miracles païens les mêmes procédés de discernement que nous employons pour les miracles chrétiens.

Nous ne pouvons donc pas renoncer à admettre cette possibilité.

Nous sommes même, en tant que chrétiens, obligés à plus encore. L'existence du démon, l'action funeste des mauvais esprits fait partie de la foi catholique. Les faits surnaturels de possession diabolique dont parle l'Evangile ne peuvent également pas être niés, ne peuvent être interprétés autrement que suivant le sens littéral du texte. L'existence des formules d'exorcisme, leur emploi très fréquent dans les premiers siècles de l'Eglise, l'emploi moins fréquent il est vrai de ces paroles liturgiques dans les temps modernes, prouvent la croyance constante de l'Eglise catholique à cette action surnaturelle des esprits mauvais.

Or, de nos jours, la tactique des ennemis de l'Eglise consiste à la rendre responsable de toutes les conséquences funestes qui ont pu résulter de l'abus de cette croyance aux mauvais esprits ; de l'épouvante que les démons ont inspirée et des cruautés exercées contre les sorciers vrais ou prétendus par l'effet de cette terreur panique. Il me semble qu'il sera utile de rétablir en quelques mots la vérité sur cette question, et de montrer que l'on fait porter au christianisme et à l'Eglise une responsabilité qui ne leur incombe pas.

Remarquons, en premier lieu, que la croyance aux esprits mauvais ne tire pas son origine du christianisme. Elle lui est antérieure ; elle date des temps les plus reculés auxquels l'histoire puisse remonter. — La magie existait en Egypte et en Chaldée dès la plus haute antiquité. Elle forme le fonds de la religion primitive des peuples touraniens et mongols. Ces peuples reconnaissaient deux espèces de dieux, les bons et les mauvais ; ils ne priaient pas les dieux bons, jugeant que c'était inutile, des êtres bienveillants ne pouvant faire que du bien aux hommes ; ils n'invoquaient que les mauvais esprits, afin de les apaiser. La sorcellerie se rencontre dans tous les temps et dans tous les pays ; elle est aussi universelle que la religion, si tant est même qu'elle ne le soit pas davantage. Elle n'est donc pas une invention ni un produit du christianisme.

Si, de plus, on examine vers quelle époque et dans quels lieux pendant les temps modernes la croyance à la magie a pris ses plus puissants développements et a été la source des plus criants abus, on reconnaîtra que ce n'est nullement l'époque ni les lieux où dominaient universellement les croyances catholiques. — Les procès de sorcellerie ne commencent qu'après la guerre des Albigeois en 1270 ; on n'en trouve pas dans la première partie du Moyen Age. Le développement des actes coupables, certainement criminels dans leur intention, quelque inefficaces que fussent les moyens employés, et la terrible répression causée par la terreur générale, datent principalement du xive siècle. Les procès de sorcellerie continuent pendant le xve, le xvie, le xviie et même le xviiie siècle, et, chose singulière, ils sont beaucoup plus fréquents dans les pays protestants. C'est l'Allemagne qui est le siège principal de ces effroyables procès et de cette universelle croyance à l'action continuelle des démons.

Les auteurs, qui se servent des souvenirs des procès de sorcellerie pour attaquer l'Eglise, ne citent pas les efforts faits par certains catholiques pour combattre les procédés odieux de la justice laïque allemande et les véritables assassinats judiciaires commis sous prétexte de magie. Ils parlent du philosophe Alphonse Espina ; ils se gardent de parler du Jésuite Tanner, ni surtout de Frédéric de Spée, autre membre de la Compagnie de Jésus ; ce dernier, ayant été le confesseur d'un grand nombre de condamnés pour sorcellerie, était arrivé à la conviction que le plus grand nombre, sinon tous, avaient avoué par l'effet de la torture et étaient innocents. Il fit alors un livre pour combattre la procédure en usage. Voici comment débute sa préface.

« J'ai dédié mon livre aux magistrats de la Germanie, mais à ceux qui ne le liront pas, non à ceux qui le liront. La raison, c'est que les magistrats qui ont assez de conscience pour penser devoir lire ce que je dis ici des causes des sorcières, ont déjà ce pourquoi il fallait lire ce livre, savoir, le soin et l'attention pour bien connaître ces causes ; ils n'ont donc pas besoin de le lire pour y prendre ce qu'ils ont déjà. Mais ceux qui sont d'une telle incurie, qu'ils ne liront ces choses ni ne s'en souviendront, ceux-là ont un extrême besoin de lire tout cela, afin d'y apprendre à être sérieux et attentifs. Que ceux-là donc lisent, qui ne liront pas ; et que ceux qui liront ne lisent même pas. »

Il faut reconnaître qu'à l'époque où de Spée écrivait

ces courageuses paroles, ce n'était point l'influence de l'Eglise catholique, ce n'était même aucun sentiment religieux qui poussait à ces barbares exécutions. C'était une terreur panique, provoquée par les idées superstitieuses qui ont existé depuis l'origine de l'humanité. C'était, selon quelques écrivains, une résurrection des anciennes croyances païennes de la Germanie.

Il serait donc souverainement injuste de mettre ces actes cruels à la charge de la religion chrétienne. Nous pouvons même aller plus loin et dire que la croyance à la magie et à la sorcellerie est tout à fait indépendante du dogme religieux. Elle peut exister en dehors du christianisme, et le christianisme peut exister sans elle.

Il ne faudrait pas confondre, en effet, l'idée générale de l'action des esprits mauvais et même des manifestations sensibles de leur puissance dans certaines circonstances avec la croyance à la réalité de la magie. La magie suppose une communication régulière entre l'homme et ces esprits, des pratiques et des cérémonies qui peuvent mettre leur puissance en jeu à volonté, des moyens efficaces de nuire à d'autres hommes par l'action des mauvais esprits. Or, l'existence d'une telle puissance n'est nullement enseignée par l'Ecriture Sainte ni par l'Eglise.

L'Evangile ne parle que des possessions, effets inattendus et imprévus des puissances mauvaises ; il ne parle nullement de ces communications régulières qui constituent l'art magique. Sur ce dernier point, les docteurs sont d'opinions très diverses ; en général, ils ont suivi l'opinion qui était dominante à l'époque où ils écrivaient. Les plus anciens Pères croyaient à la magie, mais tout le monde y croyait de leur temps ; c'était une opinion universellement admise chez les païens. Au xe et au xie siècle, lors du plein triomphe des croyances catholiques, nous voyons, au contraire, qu'on enseignait au peuple que les récits des sorciers étaient mensongers ; que la croyance au sabbat était une erreur ; que si certaines personnes racontaient avoir vu le démon sous forme visible, ces personnes étaient le jouet d'une illusion d'imagination. A la même époque, les pénalités contre la sorcellerie étaient beaucoup moins sévères qu'elles ne l'ont été plus tard. Jamais on n'employait la peine de mort contre les personnes accusées de sorcellerie ; on considérait ces pratiques comme une superstition qu'il fallait détruire par l'instruction et par une répression modérée, non comme un danger réel.

Plus tard, au xive et au xve siècle, quand l'opinion générale commença à changer, quand on commença à croire aux envoûtements et aux autres maléfices, il s'est rencontré un grand nombre de théologiens admettant la réalité de la magie. Au xviiie siècle, au contraire, Bergier, suivi par la plupart des théologiens, affirme que c'est une illusion.

C'est donc une opinion pleinement libre qui ne tient nullement à la doctrine révélée. C'est la croyance antique aux communications avec les esprits qui a été alternativement, selon les époques, greffée sur la doctrine évangélique du pouvoir du démon ou bien qui en a été séparée.

Ce que l'Eglise a constamment fait, et c'est là un grand service qu'elle a rendu à l'humanité, ç'a été de combattre la pratique de la magie, de détruire les livres magiques, de chercher à détourner l'esprit et l'imagination des hommes de ces superstitions funestes. Mais elle ne s'est jamais prononcée sur la réalité de ces communications régulières avec des esprits mauvais. Elle n'a jamais tranché le différend entre notre scepticisme actuel et ce qui a été la croyance universelle du monde pendant des siècles, et ce qui est encore la croyance de nations entières.

Nous n'essayerons pas nous-même de trancher celte question. Sans doute il y a eu des abus épouvantables provenant de la croyance à la magie, sans doute la crédulité des hommes a été le jouet de folles terreurs. Ce point est certain et nous pouvons en croire le religieux dont nous avons cité les courageuses paroles. Mais n'y a-t-il jamais rien eu de vrai ? L'humanité s'est-elle entièrement trompée ?.....

Saint Augustin, après avoir raconté certains faits attribués à la magie, conclut ainsi :

« Ces choses sont inouïes, cependant, j'ai vu bien des gens qui m'en ont parlé d'une manière précise et certaine, et j'ai peine à les croire menteurs. »

Si l'on excepte les faits rapportés par l'Evangile, et que les chrétiens doivent croire, la conclusion incertaine de l'évêque d'Hippone sera celle d'un certain nombre de chrétiens. D'autres, non moins orthodoxes, seront plus absolus dans leur négation et n'admettront, en fait d'interventions réelles du démon, que celles qui sont contenues dans l'Evangile. D'autres, au contraire, même de nos jours, croient à la réalité de l'art magique. Nous ne pouvons condamner ni les uns ni les autres.

Mais, ce que nous pouvons maintenir sans hésitation, c'est que la croyance à la possibilité d'une action surnaturelle des esprits mauvais, et à la réalité de cette action dans certaines circonstances, n'entraîne nullement les conséquences qu'on lui attribue. Les pratiques criminelles de la magie, les terreurs insensées et les effroyables répressions qu'elle a entraînées sont à la charge des mauvais instincts et des tendances superstitieuses du cœur humain, et ne sont nullement l'effet d'aucune croyance religieuse ou philosophique.—Autant vaudrait rejeter sur la religion en général les excès auxquels le fanatisme a pu se laisser entraîner ; autant vaudrait rejeter sur l'institution de la famille le mal résultant de l'abus du pouvoir des parents, sur la liberté en général les désordres que la licence entraîne. La croyance à l'action des puissances mauvaises est, comme nous l'avons vu, autorisée par une saine philosophie, appuyée sur la tradition générale de l'humanité. Elle peut servir d'explication à certains faits qui, sans cela, seraient des problèmes insolubles. — Elle peut rendre raison du débordement d'impiété et de corruption qui se rencontre si souvent dans l'humanité ; elle peut, en montrant aux hommes contre quels ennemis ils ont à combattre, les obliger à une plus grande vigilance et à des efforts plus soutenus. Pourquoi rejeter cette croyance si elle est bien fondée, à cause des abus qu'elle a pu entraîner quelquefois ? Agir ainsi, ne serait-ce pas encore suivre une opinion préconçue et substituer ses désirs à la vérité connue ?

La méthode que nous suivons est tout autre. Elle est pleinement impartiale. Nous ne cherchons que la vérité. Nous ne repoussons, *a priori*, aucun fait. Nous ne nous prononçons sur ces faits qu'après avoir examiné d'abord s'ils sont bien prouvés, et ensuite quelle est leur véritable signification.

Nous ne rejetons, *a priori*, aucun fait, nous n'en déclarons aucun surnaturel et divin qu'après un mûr examen.

C'est en suivant cette méthode impartiale que nous arriverons facilement à constater l'immense différence qui existe entre les cultes païens et la religion chrétienne. Il nous sera aisé de constater que la religion chrétienne est d'un autre ordre, d'un rang supérieur, qu'elle ne rentre pas dans le même genre et ne comporte pas les mêmes applications.

Ce ne sera pas, sans doute, encore une raison suffisante pour affirmer qu'elle est divine. Il y aura un autre pas à franchir. Il faudra passer de la transcendance de la doctrine chrétienne et de ses preuves à leur caractère pleinement surnaturel et divin. Après avoir montré que les faits chrétiens sont inexplicables par la puissance de la nature, ou par celle des esprits mauvais, il faudra montrer qu'ils sont explicables par une action divine ; que les divers signes surnaturels s'unissent dans une seule pensée ; que ce sont des mots qui forment une phrase unique, et que cette phrase est une parole de Dieu.

Cette dernière démonstration n'est pas l'objet propre de ce cours.— Notre but est seulement de poser le grand problème que la foi seule peut résoudre. Mais une fois le problème ainsi clairement posé, la solution sera aisée pour les âmes de bonne volonté, pour celles qui cherchent sincèrement la vérité. Il est vrai que dans cette dernière phase de la formation de la croyance chrétienne, l'impartialité n'est plus suffisante, il faut le désir de trouver la vérité, il faut la confiance dans les promesses divines gravées dans le fond de nos cœurs.

Dieu a dû donner des marques évidentes de sa parole, mais il a pu mesurer cette évidence. La lumière divine ne force pas la volonté, la vérité ne se montre qu'à ceux qui la cherchent. Les sentiments de confiance en la Providence, qui ne détruisent pas, mais qui complètent et perfectionnent la sincère impartialité de la critique chrétienne, sont exprimés par d'admirables paroles d'un homme qui a trouvé la vérité après l'avoir longtemps cherchée.

Voici les paroles de saint Augustin qui me semblent la meilleure conclusion de nos études sur le surnaturel :

« Si la Providence divine ne préside pas aux choses humaines, il n'y a pas lieu de s'occuper de la religion. — Mais si l'aspect de l'univers qui, nous devons le croire avec certitude, sort d'une source de beauté et de vérité infinie ; si, en outre, je ne sais quel sentiment intime au fond de la conscience invite les meilleurs des hommes à chercher Dieu, à le servir ; alors, nous ne devons pas désespérer que Dieu lui-même ait établi une autorité certaine dont nous puissions nous servir comme d'un degré pour nous élever jusqu'à lui (1) ».

(1) *De utilitate credendi ad Honoratum*, cap. xvi, n. 34.

TABLE DES MATIÈRES